ope begins with the Greeks. Only a small
een preserved. The *Poetics* of Aristotle and
me of Longinus have these

ctual quality. Plato's theories of literature,
ic dialogues, are based upon his system of
n an ideal state the poets must be expelled.
al philosophers was for long a cause of em-
and a source of strength to those who im-
likely that Aristotle wrote his *Poetics* with
to. What survives of the *Poetics* is mostly

我的英语人生

从清华到北大

My Life with English

李赋宁/著

商务印书馆
创于1897
The Commercial Press

目录

附记

代后记

第一章

动荡的童年

家族渊源

我家祖籍陕西省蒲城县富源村。我的曾祖父李智盛，出身贫农，目不识丁，靠种田和推车卖瓮为生。曾祖母王氏，虽不识字，却很有见识和魄力，她千方百计让两个儿子读书，接受教育。

我的伯祖父李仲特和祖父李桐轩（又名良材）受的虽然是传统科举教育，但时值清朝末年，他们也受到洋务运动革新思想的影响。伯祖父对天文和数学很感兴趣，自学得很深入。祖父虽学测量，但爱好语言、文字和文学，致力于普及农村教育。他们痛恨清政府的腐败无能、丧权辱国，积极参加辛亥革命运动。伯祖父在浙江、四川、甘肃做幕僚时，购置了许多新书，带回家乡和我祖父一同阅读，吸收新思想。在他们的教育下，我的伯父李博（字约之，后改为约祉）和我父亲李协（字宜之，后改为仪祉）成为有用的人才。

父亲和伯父都考中了秀才，父亲名列第一，他是唯一能够解答考卷上数学题目的应试考生。随后，伯父和父亲入三原宏道书院[1]学习，与于右任、张季鸾同学。在宏道书院，他们吸收了许多新知识，接受了革命思想，准备为中国干一番事业。从书院毕业后，伯父和父亲被派往京师大学堂（北京大学的前身）学习。

当时从西安到北京坐骡车旅行需要一个月之久。伯父读文科，学法语。父亲读理工科，学德语。当时京师大学堂已聘请德国教师直接用德语授课，传授西方科技新知识。父亲毕业后，在潼西铁路公司[2]的资助下，前往柏林工科大学学习铁路工程。辛亥革命时，他回国参加革命。于右任当时任交通部部长，欲聘他为津浦铁路局局长，他没有接受。由于陕西时常闹旱灾，饿死的老百姓成千上万，有识之士深感兴修水利为当务之急，陕西水利分局局长郭希仁先生便动员我父亲改学水利工程。父亲听取了郭先生的劝告，第二次赴德国留学，入但泽大学[3]，改

1 宏道书院，位于陕西省三原县城北，是明清陕西省四大书院之一。光绪二十六年（公元 1900 年），书院改名宏道高等学堂，培养了一批海内外知名民主革命先驱及专家学者。

2 潼西铁路是陕西省境内的第一条铁路线，即陇海铁路潼关至西安段。

3 但泽今属波兰，但泽大学即格但斯克大学。

学土木工程和水利，成为我国学习西方水利工程最早的一位水利专家。

他学成归国后，受聘于河海工程专门学校（河海大学的前身），任教授和教务主任。这个专科学校是由南通知名实业家张季直[1]先生创办的。张先生在南通创办纺织厂，需要棉花作为原料，兴修水利种棉花是迫切的需要。这个概念也在我父亲的头脑中扎了根。父亲后出任陕西省水利局局长，修水渠种棉花使陕西经济改观，农民由贫变富。后他因积劳病故，出殡之日，“巷哭者数万人”。

书香门第

1917年3月24日，民国六年闰二月初三，我出生于南京鼓楼贵格医院（The Quakers' Hospital）。父亲李仪祉和母亲张孟淑同龄，同为35岁，我是他们的长子。因我生在南京（南京又名江宁），伯祖父为我取名赋宁。

1 即张謇（1853—1926），字季直，中国近代著名实业家，唯一一位状元出身的“实业救国”先驱，同时也是一位水利专家。

幼年李赋宁，摄于南京。

我生长在一个好学的家庭，无形中受到了勤奋读书的熏陶。

伯祖父仲特公自学天文和数学。他曾从西安到南京我家中暂住。我还能记起他写书的形象，他的著作是《九九开方图表》，画的图非常整齐好看。

祖父桐轩公也曾来我家暂住。他对音韵学深感兴趣，参加过民国初年“教育部”国语拼音字母的制订。他也有勤奋著作的习惯，热衷于普及教育，编写语文教科书。

我父亲在课余之暇，写出《最小二乘式》《诺谟术》等数学著作，又译出当时最新的天文学理论著作《宇冰学说》，皆由商务印书馆出版。

这些细节我都是长大后才知道，但幼年的印象一直留在脑海中。

我小时候受叔父李隼（字知祉）的影响颇深。叔父长我六岁，为继祖母所生。他绝顶聪明，却不幸十岁时患猩红热，发高烧，导致耳聋。幸好他幼时已学会拼音字母，为自学打下了底子。他利用拼音字母学会读书，但语调与正常人不同，缺少抑扬顿挫。我和他交谈只需在空中写几个字，他就懂得我的意思。

他喜欢读书，能读张奚若用文言文翻译的《天方夜谭》。我常要他给我讲里面的故事，如“神灯记”“阿里巴巴和四十大盗”等，听得十分入神。他喜读苏轼和辛弃疾的词，常念给我听。例如，苏词：“莫听穿林打叶声，何妨吟啸且徐行。”又如辛词：“枕簟溪堂冷欲秋，断云依水晚来收。”我虽然不甚懂，却也受到了一些熏陶。在他的鼓励下，我大约八岁时就开始自己看书。我看了赵元任先生译的《阿丽丝漫游奇境记》，十分喜欢，还有《列那狐的故事》等。稍大一些，我竟然读起“五四”以后的新小说，例如杨振声先生写的《玉君》[1]，还有翻译的外国小说，例如伍光建先生译的《侠隐记》（今译《三个火枪手》），对其中的人物发生了极大的兴趣，如达特安、阿图斯、阿拉密、红衣主教以及蜜拉迪等，大仲马的历史小说真是魅力无穷。

由于伯母早逝，三位堂兄赋京、赋都和赋林随我父母来到南京上学。我父亲负担他们的学费，让他们受到当时国内最好的教育。

大哥赋京长我 17 岁，入上海同济大学附属中学高中

1 杨振声（1890—1956），现代著名教育家、作家。曾任国立青岛大学（山东大学的前身）校长。《玉君》创作于 1925 年，通过主人公周玉君这个打破包办婚姻争取婚姻自由、经济独立的女性形象，反映现代知识分子的精神世界。

部，二哥赋都长我 14 岁，入上海南洋模范中学初中部。他们都住校，周末乘火车回到南京我家中团聚。三哥赋林长我 10 岁，入南京金陵大学附属小学，就住在我家，因此我和三哥接触最多。

大哥在高中打好了德语基础，我父亲鼓励他学医科。1920 年，他高中毕业。当时第一次世界大战刚结束，德国战败，马克贬值。我父亲勉力凑足学费，送他去德国留学。大哥进入著名的哥廷根大学，学习病理学和解剖学，经过八年勤奋学习和研究，写出有关血吸虫病的博士论文，获得博士学位。他回国后到上海工作，开始在太湖流域采集血吸虫菌的钉螺，成为我国最早研究钉螺血吸虫病的专家之一。他献身科学研究的精神为我后来专心研究学问树立了榜样。

二哥赋都学的是英语，初中毕业后，也考入同济大学附属高中。我父亲鼓励他学工科，在他高中毕业后也送他去德国留学，学习土木工程和水利。二哥进入汉诺威大学，师从一位专门研究黄河的教授，研究黄河水利问题，获得博士学位。回国后，他先后在东北、华北、四川等地兴修水利，同时也教书育人，培养水利人才。

全家合影

前排坐者从左至右为
张孟淑
李仪祉
李赋洋
李桐轩
李赋宁

后排站立者从左至右为
李赋林
李赋都

三哥赋林在南京金陵大学附属中学毕业后，回到西安，在西北大学学习。三哥的英语学得不错，爱好体育运动，网球打得很好。他是一个多面手，多才多艺，后来帮助我父在陕西兴修水利。他为我们全家服务得最多。

我成长过程中，一直受到三位堂兄的爱护和帮助，因此对他们描述甚多，以抒发我对他们的缅怀之情。

从南京到陕西

我在南京上了鼓楼幼稚园，学会了说 Good morning 和 Good-bye，这家幼稚园由陈鹤琴先生创办，是我国最早的幼儿园之一。

我父一心要兴修陕西水利，解决干旱问题。我五岁时，他带着两个学生从南京回到陕西三原，任渭北水利局局长兼总工程师。我们全家也从南京迁到三原，住在胡家花园，家里三代同堂，有祖父和继祖母、父母亲、姑母李班和叔父李隼、我和弟弟赋洋。胡家花园的客厅里挂着一副对联，上面写着李白的诗句："三山半落青天外，二水中分白鹭洲"，给我留下的印象很深。

我上小学开始是在陕西三原。那所小学不好，老师常打学生手心，上了一年，没有学到什么东西。姑母李班上的是一所天主教的教会学校，教师是意大利的修女，估计她也没学到多少知识。

当时我的伯父李约祉任西安女子模范中学校长，该校也有附属小学。我便随姑母李班自三原来到西安上学。记得当时小学语文课本上选有《儒林外史》“王冕画荷花”的片段，至今印象都很深。王冕自学成才，是一位令人敬仰的知识分子。我爱好文学就是从此书开始。我还记得课文里有一篇乐府诗《陌上桑》：“日出东南隅，照我秦氏楼。秦氏有好女，自名为罗敷……”

我的国文作文水平不断提高，到了六年级已能写比较通顺流畅的白话文。我写的第一篇图文作文的开头是：“今天早晨我在学校花园里看见迎春花开了，我才知道春天来了。”这篇作文居然受到老师的表扬，对我是很大的鼓励。小学六年级实行道尔顿制[1]，教师出题目，引导学生学习查阅工具书和参考书，让学生自己去找这些

1 道尔顿制，美国教育家帕克赫斯特（1887—1973）1920年在马萨诸塞州道尔顿中学所创行的一种个别化教学形式。其原则主要有两条：一是自由，即学生在身心方面都能实现自我管理，培养学生自我教育的能力；二是合作，即打破班级界限，注重团体活动，以使学生在民主合作的氛围中得到发展。

问题的答案。这对我以后使用词典和参考书是一个初步的训练。但西安的小学由于缺乏合格的教师，没有开设英语课，因此我在小学没有上过英语课。

我九岁那年，也就是1926年，发生了一件大事，后来称为“西安围城”。攻城的人是吴佩孚手下的河南军阀刘镇华。守城的是陕西人杨虎城和李虎臣两位将军。当时我家住在马厂子4号住宅，伯父一家人住在女子模范中学。父亲云游在外，围城期间，家里最得力的人是堂兄赋林。他只有19岁，每日往返于两个住宅之间，运送粮食，传递消息，不辞劳苦。我和弟弟年幼无知，终日嬉戏。围城初期，家人尚未感到粮食短缺。伯祖父警告后，家里立即节约粮食，混以麸子、油渣。我记得白面粉做的饼只供给二位祖父食用。祖父心疼我和赋洋，分给我们每人一块饼，谁知被老鼠偷去。后来我们把饼放入篮中，吊在空中，以免再被窃去。杨虎城将军和我家是小同乡，都是蒲城人。他曾来探望我祖父数次。印象中他高大、威武，背上挂着望远镜，和我祖父谈得很投机。杨将军也曾给我家赠送粮食，帮助我们渡过难关。

西安围城持续了八个月之久。城开之时，农民从城郊挑着新鲜蔬菜进城来卖。城中幸存者欢欣高呼：“城开了！”据说是于右任率领国民革命军解了城围。这件在我幼年时期发生的大事，让我养成了终生节约粮食的习惯。

迁居北平

1928年秋冬之交，由于我父亲在天津工作，我们全家从西安迁居故都北平，住在西四牌楼北前毛家湾五号，那是蒋梦麟先生的住宅。蒋先生当时任南京政府“教育部”部长，举家南迁，就把他相连的两院住宅租了一院给我家居住。

我转入西皇城根市立第二十二小学继续求学。西安的小学是春季始业，而北平的小学却是秋季始业，所以我要重上小学六年级。

转学后我遇到最大的困难是英语，因为北平的小学从三年级开始就设英语课，六年级的学生已有了一定的英语基础，我必须加紧直追才能勉强赶上。有一次有同学问英语教师为什么good-by又可以拼写成good-bye。教师也不清楚，我也觉得迷惑莫解。直到后来，我才晓得good-bye是英国英语拼写，good-by是美国英语拼写。

上国文课时，老师让我站起来读课文。我不会北京话，用西安话读，结果读完后，全班同学都举手列举我的读音错误。我感到很委屈。幸亏我的耳朵灵，善于模仿，一周后就完全从西安方言改成北京口音了。不过我的国文作文写得通顺、流畅，受到老师的表扬和鼓励。所以在1929年夏，我顺利地从小学毕业了。

在北平上小学时，我曾在街头目睹孙中山先生的灵柩从西山碧云寺送往南京中山陵安葬。道路两旁人山人海，给我留下了深刻的印象。

我亲历的另一事件是北平人力车夫破坏有轨电车的动乱。当时电车公司为比利时商人所有，电车抢了人力车夫的饭碗。旧社会劳动人民的生活毫无保障，老舍先生的《骆驼祥子》是对此最好的写照。

当时国内军阀混战，冯玉祥、阎锡山、汪精卫联合起来攻打蒋介石，即所谓“中原大战”，蒋介石派张群出关游说张学良出兵支持他。此事我也有印象。汪精卫住在东城前毛家湾五号，我家是西四牌楼北前毛家湾五号，因此有不少人走错，来敲我家大门。

与外语的渊源

我学外语，和我的遗传及家庭环境有关。

我家在陕西被人誉为科学世家，但家里人也非常爱好文学。我在西安读小学时，伯父教我堂姐赋萧和堂弟赋丰读《唐诗三百首》，要求背诵。我和他们一起，学得津津有味，至今仍能背诵许多首唐诗。

我祖父李桐轩民国初年曾参加国音字母的制订。他对语言、文字很有兴趣。我记得他会一个法语词 l'oiseau（鸟），把这个词的读音用陕西方言“聋娃叔”模仿出来，我觉得十分有趣。他想通过戏剧来改造社会，在西安成立易俗社戏剧学校，招收小演员学习秦腔。他自己编写剧本，宣传辛亥革命思想。我伯父和父亲都能写剧本，可惜我没有遗传到这方面的才能，但我对戏剧却抱有极大的兴趣。

再说我父亲对我学外语的影响。他在河海工程专门学校教书，急需学会英语，因为学生在中学只学英语。上大学后，教科书和参考书都是用英文写的。我父在课余突击学习英文，很快就能将德文文献资料译为英文，供学生参考。我们父子虽不同行，但在勤奋学习外文上，我无形中受了他的遗传和影响。他后来英文水平很高，不仅能阅读，且能写作，与国际学术界人士用英文通信，为《中国年鉴》（*The China Year-Book*）写国内当年的水利建设报告。但他最熟练的外语仍是德语。他爱读托尔斯泰的小说，我记得他每夜入睡前总要读托氏小说的德文译本。后来他也读英文小说名著，例如，哈代的《德伯家的苔丝》。这部小说引起他的悲天悯人之心，也使我深受触动。抗日战争爆发前不久，当时的政府欲派他去欧洲（意大利和苏联）考察水利，他又开始学习意大利文和俄文。最终因为战争爆发，未能成行。

我父亲的同乡和同事刘文海先生是英国留学生，娶了一位英国妻子，后随刘先生来到中国。我常同他们的孩子玩，有机会听到刘太太的英国话，虽然不懂，却对英语有了一点模糊的印象。

父亲的另一位同乡好友吴宓先生在南京东南大学（南京大学的前身）教书。他是美国哈佛大学留学生，学的是英文和英国文学。他家和我家同住一座楼房，他家住楼下，我家住楼上。我家有一辆人力车放在楼下过道处，我很喜欢去弄响上面的车铃。吴先生很用功，看书和写作十分勤奋。我按车铃，往往惊扰他的文思。他走出书房阻止我好几次，但我过一会儿又忍不住去按铃。他实在忍无可忍，打了我几下。1935年我考取清华大学，前去工字厅西客厅拜访他。他鼓励我上清华外文系，这就决定了我学英语、教英语和从事英语工作的人生历程。

父亲虽然希望我也学习水利，但当我决定改学外文后，他并未反对。我上清华外文系后，英文和法文都学得很好，他也感到欣慰。我在暑期回家探亲时，他有时和我做比赛英文词汇量的游戏。例如，说出用 str- 开始的词汇。当他说出 structure 一词时，感到特别高兴。后来我开始学德语，他在百忙中抽暇写了一封鼓励我的德文信，我一直珍藏着这封信。

第二章

南开中学

小学毕业后，我报考了北师大附中。

附中的国文试题难度很大，那年夏天北平阴雨连绵，中考作文题目是“久雨记”，要求考生写出一篇文言文。还有一题是给文言文断句，加上标点符号。内容是“杨朱拔一毛利天下，不为也”。我没有受过文言文的训练，终于名落孙山。

后来我考取了位于祖家街[1]的北平市第三中学，从此开始了我的中学生活。

那时候，我对“五四”以来的新文学作品非常着迷。我发现鲁迅的文笔很合我的口味，到学校图书馆连续借阅了《呐喊》《彷徨》《野草》《热风》，我最爱读《孔乙己》《祝福》《还乡》等名篇，决心模仿鲁迅的风格。同时，我在家中发现了古典小说《水浒传》，废寝忘食地读

1 今改名富国街。

了起来，我最喜欢林冲“大火烧了草料场”一段，自己也有意识地模仿《水浒传》的文体。此外，我还借阅了郭沫若先生的《女神》和他翻译的《茵梦湖》《少年维特之烦恼》，以及郁达夫先生的《冲出云团的月亮》等作品。

在三中时，国文作文仍然是我成绩最好的一门功课，时常受到老师表扬。回想起来，我当时的作文喜欢写景、抒情，学了一点当时报纸副刊上流行的文学作品华而不实的文风。例如，“天边璀璨着片片的晚霞”，“猫叫了一声惊醒了我的美梦，这梦是甜蜜的、幸福的。仿佛我在一座花园里，青青的草儿铺了满地……”。我还在《三中校刊》上发表了两篇短文:《紫丁香花下的少年》和《她的一生》。这些是我最早的创作尝试。

1930年，我和堂弟赋丰报考天津私立南开中学。赋丰入初中一年级，我插班入初中二年级。当时，我最喜欢的功课还是国文课。初二的国文教员是王甲三先生，他要求学生每周在堂上写一篇作文，第二周上作文课时准时发还作文本，按照他评定的优良顺序，依次叫学生取回。我和王政同学总是名列第一或第二。就这样，我对文学创作继续保持着非常浓厚的兴趣。我在南开中学还参加了作文比赛，第一次获第八名（共取十名），作文题目是“我的故乡”。第二次比赛取第五名，题目是“暮春的早晨”。

我当时最着急的一门功课仍是英语，迫切地想要赶上大多数同学的程度。我的英语老师是上海光华大学的毕业生，名叫戴圣谟。他要求学生每周有一节课在堂上做造句练习。他在黑板上写十个单词或短语，下课时收卷，下周发还。我的错误总出在动词上，什么及物或不及物，主动或被动，我都弄不清楚。因此，在初二读完时，我的英语成绩仍是勉强及格。

初二的数学教员名字我记不得了，只记得他戴着深度近视眼镜，外号“高瞎子”。南开中学规定学生每日的家庭作业是六道数学习题。这位高老师教代数和三角，每遇到一个数学术语，他就要求学生记住对应的英语术语，例如，抛物线 parabola，半径 radius，平行四边形 parallelogram 等。解答习题，若需要加以说明，也要求用英语。这种训练是为了给初三学习平面几何、解析几何和采用英文数学课本做准备。这也使我很早就接触到科技英语。

我在读完初二的暑假中，买到了商务印书馆出版的《英文典大全》（*Complete English Grammar*）。这本

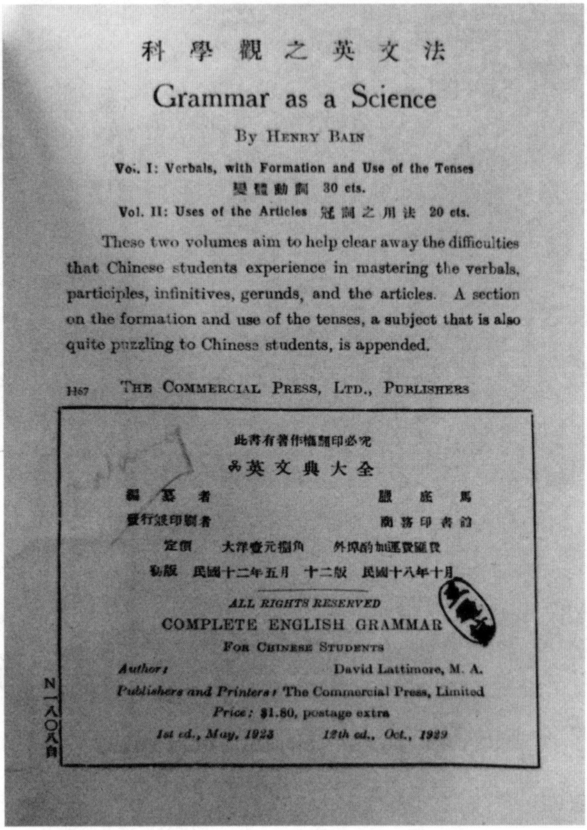

科學觀之英文法

Grammar as a Science

By Henry Bain

Vol. I: Verbals, with Formation and Use of the Tenses
變體動詞 30 cts.

Vol. II: Uses of the Articles 冠詞之用法 20 cts.

These two volumes aim to help clear away the difficulties that Chinese students experience in mastering the verbals, participles, infinitives, gerunds, and the articles. A section on the formation and use of the tenses, a subject that is also quite puzzling to Chinese students, is appended.

1167 The Commercial Press, Ltd., Publishers

此書有著作權翻印必究

英文典大全

編纂者 體底馬

發行兼印刷者 商務印書館

定價 大洋壹元捌角 外埠酌加運費匯費

初版 民國十二年五月 十二版 民國十八年十月

ALL RIGHTS RESERVED

COMPLETE ENGLISH GRAMMAR

For Chinese Students

Author: David Lattimore, M. A.

Publishers and Printers: The Commercial Press, Limited

Price: $1.80, postage extra

1st ed., May, 1923 12th ed., Oct., 1929

N一八〇八自

《英文典大全》版权页，上半部分为书籍广告。

书用的是图解法，用图表来说明英语句子中词与词之间的语法关系，并附有大量练习。我非常勤奋地钻研这本书，把重点放在动词上，并逐渐学会了动词的用法。这样，在我升入初三后，我的英文作文已很少有语法错误了。初三读完时，我的国、英、算三门主要功课都得了90分以上的好成绩。

下一步是如何练好英语读音和会话。有一位叫屠继先的同学，对我帮助很大。他是江苏武进人，在天津长大，会说天津话和常州话，对英语读音有特别的爱好。他教我读society一词，我觉得很好听，于是我们就结为搭档，经常一起练习英语会话。他提醒我，教我们的英语老师带上海口音，我们要学比较地道的英语发音。那时天津电影院已经有美国电影上映，记得有《人猿泰山》一类的影片。周末我去听过几次，起初听不太懂，后来逐渐能听懂一些。就这样，我开始对英语的语音、语调有了一点体会。

升入高中后，我已能用英语连贯地复述课文中的故事情节，英文作文也比较通顺、流畅。另外，化学和生物课本也都采用英文教科书。写实验报告也要求用英文。不知不觉中，我的英文程度有了很大的提高。

南开中学还请过几位来华访问的英美学者发表演讲，要求全校学生都去听讲，不配备翻译。初中的学生虽然听懂的比例很小，但这种训练是很有益的。南开中学的校长张伯苓先生、教务主任张彭春先生和雷法章先生给学生讲话时，虽讲汉语，但常夹杂一些英语词语。张校长有一次谈到南开中学在重庆沙坪县的分校南渝中学时说道："新校舍的建筑有一种 simplicity beauty（简约美）。"我至今仍记忆犹新。

上初三时，我爱读《南开双周》里的文学作品，尤其喜欢两位高三同学写的文章，他们是曹京平和徐高阮，外号"西山诗人"。后来他们都考上清华大学。曹京平入中文系，就是后来的著名作家端木蕻良。徐高阮入历史系，师从陈寅恪先生学历史。他们二人思想进步，徐高阮因被怀疑为共产党而被捕，亏得柳亚子先生去跟蒋介石说情才被放出来。曹京平后来去了延安，继续创作。

我在南开中学从初二上到高一，打下了比较好的中学教育基础，使我终身受益。这个时候，我已经感受到爱国救亡和努力学习都是青年人的责任。当时日本军国主义分子蓄谋侵略我国，不断制造摩擦。许多高年级同学都参加了爱国救亡运动。有一个名叫吴博的同学，他在大礼堂演说，鼓动同学们到校长办公室请愿。当时有一位南开中学校友张风伯碰巧在校长办公室，他暗中保护张校长，被同学们骂是“保皇党”，实际上他是地下党员，怕学生闹事，对革命斗争不利。这种情况发生在“九一八”事变前夕，日本军队常在天津进行军事演习，东北和华北的形势十分紧张。

后来，天津发生日本军国主义分子策划的高丽人扰乱治安的“津变”，加上我父亲在西安病危，我便从南开中学休学，回到西安，在医院陪母亲照护父亲。好在父亲转危为安，身体逐渐康复。我没有回南开中学复学，而是留在了西安。

父亲希望我能继承他的事业，学土木工程和水利。他当时兼任陕西省立高中校长，办了一个水利班，让我去上。我学了一学期，觉得自己的兴趣在英语和英国文学，因此又转入普通高三班，学了一年。这样转来转去，对学业也是不利的。

我在陕西省立高中上学时，父亲水利局的同事中有一位帝俄时期的俄国贵族，名叫史什科夫（Shishkoff）。他常来我家探望父亲。父亲不会讲俄语，便用德语或英语同他会话。他的英语发音很奇特，例如读 interesting

一词时居然连词尾的字母 g 也读出来，我感到有趣。我回忆起在北平小学毕业后的暑期中，有一位北京女师大的罗仿兰女士（我称她为罗姑）来我家暂住，曾给我补习英语。罗姑的发音是美国英语，而我父亲的发音近乎英国英语。例如 hot 一词，罗姑读作 [hɑ:t]，我父亲读作 [hɒt]。结合那位旧俄贵族的英语发音，我开始对英语读音的多样性，有了一点认识。

我高三时的英语教员名叫王含英，河北人，曾留学美国，习商业。他的英语语音、语调虽不甚纯正，但口语颇为流利。他擅长分析小说人物的性格，描述他们的心理活动。例如，他讲莫泊桑的短篇小说《项链》《绳子》等名篇时就十分生动。另外，他还拿上海交大的英语入学试题，让高三学生试答，并写英文作文。有一道作文题是“The Future Means of Communication”（未来的交通工具）。我在作文中幻想了一种像溜冰鞋，但能升空的交通工具，他认为有趣，并给予表扬。他还辅导学生写英语演讲比赛稿，我的演讲稿谈未来空战，居然也获了奖。

第三章 转学入清华

转学外语

我在陕西读高中时跳了一级，于1934年毕业。高考时被南开大学录取，入经济系一年级。

当时“大一英语”的分组是按照入学英语成绩来划分的。A组为英语专业学生而开，由系主任柳无忌先生讲授。这一组学生的英语程度应是最高的。B组为各系一年级英语程度相当好的学生而开，由罗皑岚先生讲授，我就分在这一组。

当时南开大学《大一英文读本》的教材是自编的，课文大多是选自英美文学作品的片段，程度偏深。罗皑岚先生要求学生每周写一篇英文作文，他亲自批改。罗先生本人也是一位小说家，代表作是《苦果》。教授亲自批改英文作文，对我英文写作能力的提高帮助很大。学生写得好的作文，他会在课堂上给大家朗读。我有两篇作文："My Mother"（我的母亲）和"A Little Girl"（一个小女孩）受到他的表扬，他在堂上朗读给全班同学听，以资鼓励，增强了我写好英文的兴趣和信心。

为了加强学生的英语语法概念，刘荣恩讲师每周给学生上语法课。他用的是一本英国出版的英语语法教科书，让学生做大量的练习。

有一门英语课外阅读课，对我的英文写作能力提高有很大帮助。负责这门课的教师是曹鸿昭先生。他给我们的阅读材料是世界书局出版的《十九世纪法国短篇小说选》（英译本）和《十九世纪俄国短篇小说选》（英译本）。他每周检查一次，让学生在课堂上写出故事情节梗概和对人物性格的分析。由于英译本的语言不难，我逐渐学会了快速阅读，而且能写比较通顺流畅的英文了。

其他与英语相配合的课程有"世界通史"，由蔡维藩先生讲授，教材用的是当时美国流行的《世界史》（*World History*），由海斯、穆恩和韦兰合编。蔡先生指定我们每周读若干页，我感到兴趣盎然。另一门课"经济地理"（实际上是"世界地理"），由鲍觉民讲师讲授。这门课扩大了我的知识面，让我学会了一些有用的英语词汇，如，the rainfall（雨量），volcano（火山），typhoon（台风）等。陈筼谷先生讲授的“经济数学”使我接触到初等微积分。陈先生常说英语，我学会了calculus（微积分），delta X，delta Y 等英文数学术语。陈先生的口音为英国音，我很爱听，英文系主任柳无忌先生也是英国音，这让我对英国读音重视起来。

1935 年春假，我参加南开大学春假旅行团，到山东曲阜孔庙、孔林和泰山去旅游。我和南开大学一位夏威夷华侨女教师同行，有机会练习英语口语。这也是新的经验。记得我向她介绍一株古树，说：“This tree was planted by Confucius.”（这棵树是孔子种的。）她表示吃惊。当时冯玉祥将军被蒋介石软禁在泰山半山，闭户读书。我们前去拜访，冯将军身材高大，穿着土布棉衣，接见了我们。他声音洪亮，向我们讲抗日救国的道理。在归途，我们到北平参观了清华大学的校园。清华的大礼堂、图书馆和体育馆给我留下了深刻印象，也萌生了考取清华大学的念头。

我升入南开大学二年级后，上何廉教授的“普通经济学”。我对这门学科不感兴趣，还是喜欢英语。南开大学电机系有一位姓杨的陕西同学，他约我第一年学完，暑期到北平准备两周，报考清华大学和上海交大。父亲希望我学土木工程和水利，所以我报考清华申请的仍是工学院。到北平后，我们住在西单一间公寓里，勤奋地准备物理和数学。考完试回到南开，仍上经济系。九月底，忽然接到清华的通知书，我被录取为备取生，十月初到校报名。就这样，我到了清华。

在清华入学考试中，我的国文作文和英文作文都考了高分。国文作文试题是“我的国文老师”，英文作文试题是“An Exciting Incident”（一件令人兴奋的事）。我考得最差的一门是小数学，8 道题只答对了 2 道。大数学和物理勉强及格，因此考分只够备取程度。当我来到清华一院注册科报到时，被告知我的数学和物理考分不够进工学院，建议我转系。

要转系，我首先想到外文系。这时我忽然想到吴宓先生，他当时在清华。于是我鼓起勇气到工字厅西客厅拜访他。吴先生热情地接待了我，得知我的来意，就用英语和我对话。他对我的英语口语表示满意，赞成我转外文系。虽然父亲仍想我上理科，但见我学英语心切，就不再阻止我转专业。这个决定，让我走上了与英语打交道的道路。

清华历史

关于清华大学的历史，我也是后来才了解一些。美国最先退还庚子赔款，建议在我国办一所留美预备学堂，校址选在北京西郊清华园（昔日的王府），取名清华学堂。全国各省可以选拔青少年学生到北京应试。学制从初中一年级开始（名为初级班）直到高中毕业升入大学，读完大学二年级，考试合格后公费送往美国，升入大学三年级。以陕西学生李吉祥为例，12 岁进清华初中一年级。又以吴宓先生为例，18 岁考入清华高中一年级（名为高级班）。据陈岱孙先生说，20 年代时，全国的最高学府是南京的东南大学和北京的北京大学。工科大学上海有南洋大学(上海交通大学前身),天津有北洋大学(天津大学前身)。当时清华只是一个留美预备学堂，谈不上高深的学术研究。直到 1929 年，清华改为国立清华大学，开始从全国招收优秀学生，才逐渐发展成国内一所知名的综合性大学，包含文理法工四个学院。

清华的教育历来重视德、智、体、美全面发展。德育方面吸收我国传统儒家文化和西方基督教的道德。智

民国时期的清华学堂

育方面吸收东西方优秀文化，学习东西方主要语言和文学。吴宓和闻一多先生都主张中文系学生要学外文系课程，外文系学生要学中文系课程。体育方面，马约翰教授定出规则，全校学生下午四时都要到操场跑步、做体操、打球，到体育馆学游泳。清华规定：游泳不及格，不得毕业。美育方面，请了一位捷克人，名叫库普卡（Kupka），指导学生学习西洋音乐和各种乐器。

当时清华大学定了一些制度，有利于学术研究和第一流学者的培养。比如教师出国进修的制度。教授教书满五年，可以到英美和欧洲各国考察和深造一年，中文系的教授也可以去，例如朱自清先生。朱先生归来后写了《欧游杂记》和《伦敦游记》。清华还选拔了一些研究生出国深造。研究意大利文学的但丁专家田德望先生，就是当年被选送的研究生之一。还有招收优秀转学生的制度，从全国院校选拔人才。譬如数学家陈省身先生就是从南开大学转入清华算学系的。陈先生毕业后考取清华研究生，成绩优异，学校送他到法国深造，师从埃利·嘉当（Elie Cartan）教授。另一位南开大学数学系转学生王宪钧先生，在清华算学系毕业后，继续攻读研究生。学校送他到维也纳大学研究数理逻辑。他后来培养了西南联大数学系本科和研究生毕业的数理逻辑专家王浩。此外，还有聘请外国知名学者来校讲学一年的制度等。当时请了剑桥大学英国文学教授瑞恰慈（I. A. Richards）来讲文学理论，数学家除了前面提到的埃利·嘉当教授，还有美国麻省理工学院的诺伯特·维纳（Norbert Wiener）教授，后者培养了清华算学系华罗庚、段学复等数学家。

外文系的先生们

1935年，我入清华大学外文系。在大一的开学仪式上，我第一次见到了潘光旦先生。他是清华的教务长。潘先生是社会学家，也是优生学家。早年在美国留学时，他因踢足球而伤腿，鲁迅曾叫他作“拐杖先生”；又说他见人便说：“拿家谱来。”冯友兰先生说潘先生颇似春秋战国时期的“杂家”，我想也是称赞他博学的意思。

我入学时，清华外文系的师资队伍在国内可能是最好的之一。系主任是王文显先生。他原是苏州一个孤儿，幼年被一位名叫昆西（Quincy）的英国传教士带往英国求学。他的英语和英国人一样流利，会说苏州话，但不会讲普通话。他在清华学堂时期已来清华任教。清华改为国立大学后，他出任外文系主任。由于爱好戏剧理论、导演和创作，他曾到美国哥伦比亚大学戏剧学院进修。返校后，他讲授西方戏剧史和理论，自己用英文创作反映中国大学生活的剧本，培养了剧作家曹禺和导演张骏祥。我上大学二年级时，曾上他讲授的“西方戏剧”课，读了一些西方戏剧名著，如古希腊悲剧《俄狄浦斯王》、莫里哀的《伪君子》等。抗日战争爆发后，王先生未去后方，在上海圣约翰大学任教。听说后来他去了美国。

吴宓先生本来打算学习化学工程。校长周贻春先生知道他爱好文学，送他到美国弗吉尼亚大学学习英国文学。吴先生在那里学习了一年，四年级转入哈佛大学。本科在哈佛毕业，入哈佛研究院比较文学系，师从白璧德（Irving Babbitt）教授。白璧德教授早年留学法国，主张吸收东西方文化的精华，提倡“新人文主义”，来补救物质文明之不足。

吴先生是诗人，国学根基很好。在哈佛获得比较文学系硕士学位后，归国任教于南京东南大学，讲授“英国文学”和“世界文学史”。为了宣传“新人文主义”，办《学衡》刊物，在国内文化界有一定的影响。胡适先生提倡“新文化”，主张写白话文。吴宓先生提倡吸收中国优秀传统文化和西方文化的精粹。有一次在燕京大学演讲，胡适称在座的吴宓先生为“my literary enemy”（我文学上的敌人）。

1925年，清华曹云祥校长请吴宓先生回母校办国学研究所，用西方科学方法研究中国文学、语言、历史和考古。吴先生聘请当时学术界最负盛名的梁启超、王国维、陈寅恪、赵元任四位学者为研究院导师，为国家培养了不少优秀的国学人才。

清华改为国立大学后，吴先生受命制定外文系本科生和研究生的培养目标和课程设置。他从东南大学请来早年的同事温德（Robert Winter），他们参照了哈佛大学比较文学系和芝加哥大学欧洲文学系的方案，结合我国对外语人才的需求，主张中国文学系和外国语文系共同培养通晓中西文化的通才。这是一个很高的目标，而清华外文系的确实现了这个理想。例如，曹禺研究西方戏剧，创作了《雷雨》《日出》和《原野》。钱锺书研究西方文学，对中国文学的研究也很精深，写出《管锥编》《宋诗选注》以及讽刺小说《围城》。除了这些非常优

吴宓先生

秀的人才外，清华大学外文系和后来的西南联合大学也为新中国培养了一批有用的外语教师、翻译家、外事工作者，在我国外语教育史上留下了重要的一页。吴先生对清华外文系的发展功不可没。

一般来说，南方学生（江苏、浙江、湖南、广东、四川等省）考清华较多，北方学生（山东、河南、陕西、甘肃等省）考北大较多。我上清华一年级时，同室三位同学都是浙江人。我同专业的人中，周珏良祖籍安徽，王佐良祖籍浙江绍兴，许国璋祖籍浙江海宁，只有牛其新是河南人，毕业于北平志成中学。

清华大学的大一新生都要学习共同的基础课：“大一国文”和“大一英文”。

我的“大一国文”分在B组，由朱自清先生教读本，李嘉言先生改作文。我读过朱先生的散文《背影》《荷塘月色》《桨声灯影里的秦淮河》等，对他十分景仰。现在能够聆听先生亲自授课，感到荣幸和兴奋。朱先生教书很严格。读本用的是没有断句，也没有标点符号的文言文。学生必须认真预习，在课堂上回答先生的提问。若回答不出，就要受批评。朱先生喜欢新文学，有一次他在黑板上写了一首卞之琳先生的新诗，让学生分析，最后他来总结。这也是我第一次接触到卞之琳先生的作品。

我的“大一英文”课分在工学院入学英语成绩最好的一组。读本由陈福田先生讲授，作文由朱木祥先生批改。陈先生是夏威夷华侨，他的英文名字是 F. T. Ching。他原先学理工科，毕业后到清华学堂（留美预备学校）教数学和物理。清华改为国立大学后，他到哈佛大学读了一个英国文学硕士学位，回到清华外文系教英语。他主管全校“大一英文”，自编了教科书。第一课选自赛珍珠写的反映中国农村贫苦农民生活的小说《大地》，这部小说 30 年代在美国是一本畅销书。其他课文有毛姆写的《哲学家》（“The Philosopher”），纽曼写的《大学之理念》（“The Idea of a University”），爱默生写的《自立》（“Self-Reliance”）等。这本教材的内容和深浅程度对大一学生来说还是合适的。陈先生的教法不是逐字逐句讲解，而是讲课文的大意。另外，他讲一些与课文无关的常识，例如火警、棒球规则等。他让学生预先准备一个五分钟的英语小故事，有一次轮到我讲，我准备了一个 18 世纪英国文学家奥利弗·哥德史密斯（Oliver Goldsmith）的轶事，可能由于我的英语语音语调比较好，陈先生问："Where did you study？"（你的英文是在哪儿学的？）我回答道："Nankai Middle School."（南开中学。）

清华大一还有一门课"西洋史"，对我读西方文学大有帮助。授课教师为刘崇鋐先生，他毕业于哈佛大学，对西洋史和西方文学都有研究。刘先生每周都要指定课外阅读的参考书，包括一些有学术价值的历史专著。例如，耶鲁大学俄裔历史教授罗斯托夫采夫（M. I. Rostovtzef）写的《罗马帝国社会经济史》。书中提出一个观点，说罗马帝国的衰亡，除了政治、经济、社会、军事等原因外，还有"心理因素"。我当时 18 岁，对这个解释十分好奇。刘先生把我们这些孩子当成年人看待，善于激发我们思考问题的能力。例如，他曾问我们一个问题："Does history repeat itself?"（历史会不会重演？），这种教学法是很难得的。另外，他也多次提到西方文学和艺术的名著，例如，古希腊三大悲剧诗人埃斯库罗斯、索福克勒斯和欧里庇得斯的名剧，法国民族史诗《罗兰之歌》，名画家乔托、达·芬奇、米开朗基罗、凡·高，音乐家莫扎特、贝多芬等，我听得津津有味。这些世界名人，我最初都是从刘先生那里听到的。

清华另一位历史教授雷海宗先生，清华旧制毕业，入芝加哥大学历史系，研究“西洋史”。他取得博士学位后，回清华教书。由于历史系已有孔繁霱老教授讲授“西方古代史”，刘崇鋐先生讲授“西方通史”和“编年史”，雷先生便转变方向，用新的观点和方法研究“中国史”。我上大一时，雷先生为全校一年级新生讲授“中国通史”。后来我在西南联大教书时，曾旁听雷先生讲授“西方中世纪历史”。雷先生对授课内容非常熟悉，从不带讲义，完全凭记忆讲课，学生听得入迷。可见他虽然转向研究中国史，对原来的专业仍是非常熟悉。在我看来，他对中西方历史同样精通，是一位难得的历史学家。

大学二年级开始上本系的专业课程。最核心的一门课是“欧洲文学史”，由美籍教授翟孟生（Robert Jameson）讲授。他自编教科书《欧洲文学简史》（*A Short History of European Literature*），由商务印书馆出版。翟孟生教授的英语极生动、流利，讲授似乎侧重古代和中世纪文学。例如，他讲荷马史诗、特洛伊战争、但丁的《神曲》《新生》、乔叟的《坎特伯雷故事集》等，学生兴趣盎然，听得津津有味。我无形中也受了他的影响，对中世纪欧洲文学特别爱好。他的教学法是要求学生自制卡片，上面摘要写上重要作者的生卒年代、主要作品的出版年代和情节梗概。他定期与学生个别会谈，检查学生自学的成绩。我记得有一次他检查我的卡片，上面写的是中世纪法国的传奇女诗人玛丽·德·法兰西（Marie de France）和宫廷诗人克雷蒂安·德·特鲁瓦（Chrétien de Troyes）的作品。我的回答让他满意。这种让学生自制卡片的方法对学生将来做研究很有帮助。此外，他还讲授乔叟的作品和18世纪欧洲文学。可以说，翟孟生教授是我学习欧洲文学的启蒙老师。

外文系英国教授吴可读（Pollard-Urqhuart）讲授“欧洲小说”和但丁的《神曲》。他曾为意大利王子教授英文，在佛罗伦萨住过多年，学会了意大利文，对但丁的《神曲》有深入研究。他培养了田德望先生成为我国的但丁专家。我没有上过吴可读先生的课。后来他来到昆明，不幸患破伤风去世。

我上的另一门课是“西方戏剧”，由系主任王文显先生讲授。大二学这门课，我感到有些吃力。王先生的教学法是由他念讲稿，学生记笔记。他讲古代希腊戏剧的起源，悲剧诗人索福克勒斯的名剧《俄狄浦斯王》，让我感到惊心动魄。他要求学生课外阅读两本书：《欧洲剧作名篇选》（*Masterpieces of European Dramatists*）英译本和《英国剧作名篇选》（*Masterpieces of British Dramatists*）。我初次接触莫里哀的喜剧《伪君子》、易卜生的《人民公敌》、莎士比亚的《威尼斯商人》、王尔德的《认真的重要性》[1]等，感到丰富多彩，趣味无穷。王先生讲到悲剧的效果在于引起听众的"恐惧和怜悯"，并能使这些感情得到"净化"。这是古希腊哲学家亚里士多德提出的文学理论，引起我对这门学科的浓厚兴趣。我在图书馆阅览室中随意浏览，偶然发现马修·阿诺德写的《论荷马翻译》（"On Translating Homer"）。他在这篇论文中提出，荷马史诗风格的特点之一是"迅速"（rapidity），使我大为诧异。后来才懂得他指的是叙述的迅速和集中，例如，《伊利亚特》的叙述把特洛伊战争十年的历史集中到"阿喀琉斯的愤怒"一件事上。这样我逐渐认识到文学理论和文学批评是怎么一回事。

大二的另一门文学课是吴宓先生讲授的"19 世纪英

1 余光中译为《不可儿戏》（*The Importance of Being Earnest*）。

国浪漫主义诗人”。我初次接触到淳朴含蓄如华兹华斯的短诗，神秘绚丽如柯勒律治的《古舟子咏》，热情奔放如拜伦和雪莱的诗歌，感受到了诗歌世界的丰富多彩。吴先生最喜欢拜伦和雪莱的诗，他在英国、瑞士、意大利考察时搜集了他们的材料和照片，让学生参考。这些都收入了他的诗集里，《吴宓诗集》上世纪 30 年代由中华书局出版，是一本很好的参考书。吴先生用中国旧体诗译英诗对学生也是一种启发。我曾旁听闻一多先生讲“唐诗”。闻先生拿某几首唐诗的意境与拜伦和雪莱诗中的意境相比较。吴先生和闻先生分别用旧体诗和新诗来译英诗，我感到十分有趣。不过这时我对英诗尚未入门，尤其不懂英诗的节奏和韵律。后来我在西南联大上清华外文系研究生时，旁听温德先生的“英诗”课，才真正体会到英诗的韵律和节奏。再后来我在耶鲁大学读研究院时也曾选修卜德尔（F. A. Pottle）讲授的“华兹华斯的时代”（The Age of Wordsworth）。在国内打下一定的基础，对我的学习和研究是很有帮助的。

陈福田先生教的“大二英文”是一门升级版的英文作文课（an intensified English writing course），要求学生每周写两篇作文，堂上一篇，堂下一篇。陈先生亲自批改，从不拖欠，及时发还。这门课使我受益匪浅。当时清华大学文法学院的二年级学生都可以选这门课。经济系的屠继先同学曾写一篇作文“A Comparison between Classical Music and Jazz Music”（论古典音乐和爵士音乐的短长），得到了全班最高分。

外文系二年级开始学习第二外语。学校规定文法科各系二年级学法语，理工科各系学德语。日语、俄语、意大利语、梵文则为选修，外文系二年级学生多半选修法语作为第二外语。新从法国留学归来的青年教师吴达元先生教我们“第一年法语”。

吴先生当年30岁出头，戴一副近视镜。他是清华学堂改大学后的第一级毕业生，曾在法国里昂大学和巴黎大学留学。他的专长是法语、法国文学和拉丁文。我幼年时曾听父亲说过一句法语：“petit à petit, l'oiseau fait son nid”（鸟儿一点一点地搭它的窝），觉得好听、有趣，所以对法语也有兴趣。我班11个学生上他的课，还有一位旁听生，是系主任王文显先生的夫人。吴先生用的是美国大学通用的法语入门教科书《完全法语语法》，编者是弗雷泽和斯奎尔（W. H. Frazer & J. Squair）。这本教材内容生动，有大量练习供学生操练。

吴先生教学十分严格，每课都有笔头测验和口头提问。学生若没有预习，或作业潦草，或回答不出提问，他会毫不留情地批评。学生很怕他，但心中也暗暗地感激他，因为他的确给我们打下了比较扎实的法语基础。

我学法语非常用功，法语的动词变化我记得很熟。我特别留意法语和英语语法之间的异同。例如，我学习法语中表示部分概念的名词规律时，就与英语可数名词和不可数名词的规律相比较，这样就能帮助我熟练地运用英语和法语名词。法语的语音、语调和英语完全不同。我费了很大力气才学会法语的小舌音。吴达元先生给我打下相当结实的法语基础，引导我深入钻研法国文学，对我后来的学习与研究帮助很大。

我在课外常去拜访我的恩师吴宓先生。他知道我开始学法语，就和我一同练习法语会话。我向他提出有关西方文学、历史和哲学问题时，他总能原原本本地解答我的问题。我的英文作文也经常请他看看，他指出我的拼写错误，例如，我把《荷马史诗》Iliad 写成 Illiad，把德国哲学家尼采的姓 Nietzsche 误写为 Nietsche。他强调人名、地名、书名和历史年代的准确性，绝不允许马马虎虎的作风，因此我在这方面也得到很大的益处。

二年级还有一门必修课“西方哲学史”。这门课的授课教师原先是张申府教授。张申府先生因宣传抗日救亡被逮捕入狱，文学院院长冯友兰先生只好聘请新从德国学成归来的北京大学哲学系教授贺麟先生来清华兼课。贺先生的课使我们对于西方哲学思想的演变有了初步的了解。我们从这门课得到的意外收获，就是贺先生指定了柏拉图的《对话录》（B. Jowett 的英译本，*Plato's Dialogues*），并要求我们用英文写读书报告。我初次接触到柏拉图的崇高思想和优美散文，感到极大的乐趣，英文写作能力不知不觉中也得到了提高。

难忘清华园

清华园的学习环境和条件非常好。每日上午 11 至 12 时之间学生可以进入图书馆书库，任意浏览。我充分利用这个机会翻阅书架上的西文藏书。另外，西文阅览室的长条书桌上陈列了多种英文期刊，用铁链固定在桌上，以防被人拿走。我常翻阅《伦敦新闻画报》（*The Illustrated London News*）、《大西洋月刊》（*The Atlantic Monthly*）、《纽约客》（*New Yorker*）等杂志，逐渐对西方社会和文化有了一些了解。

我在清华园度过了大学一年级和二年级。在名师的教导下、同学的讨论中，英文的听说读写有了很大进步，法文基础打得牢靠，对西方文学、哲学和历史也都有了一些入门知识。

1935年冬，我上清华一年级上学期时，正遇上轰轰烈烈的“一二·九”学生爱国救亡运动。在运动前夕，梅贻琦校长在大礼堂召集学生训话。他说在日本军国主义者虎视眈眈之下，同学应爱护清华，体谅办学之不易。社会学系三年级女同学陆璀[1]站起来说：“我们固然要爱护我们的学校，但我们更应该爱护我们的国家。”当时我住在二院宿舍，中文系四年级同学蒋南翔在二院指挥学生运动。二十九军的部队开着九辆军车闯入清华园，到学生宿舍逮捕共产党学生。蒋南翔掩护同学进入体育馆中。乱军搜查我们的寝室，盗去我的派克自来水笔。蒋南翔被乱军押往西校门传达室，工学院有十几位同学救回了他，并破坏了九辆军车。这次学运使我受到了深

1 陆璀（1914—2015），女，浙江吴兴（今湖州）人。1932年入清华大学社会系，曾任清华学生救国委员会委员，“一二·九”学生运动发起人之一。

刻的爱国救亡教育，决心学好本事，报效国家。在罢课期间，大礼堂常有集会，有不少同学发言，有些人的口才令我佩服。其中有一位历史系三年级同学杨联陞，后来去美国，在哈佛大学教书。我在耶鲁读研究生时，曾在哈佛见过他。

回忆在清华学习的情况，我很怀念清华的老校长梅贻琦先生。梅先生是第一届南开中学毕业生，也是清华学堂第一届毕业生，曾留学美国，入麻省伍斯特理工学院。梅先生毕业后就回到母校教书。他按照美国哈佛大学和麻省理工学院的模式来建立清华大学。清华原先没有工学院，梅先生逐渐建立起土木工程、机械工程、电机工程和航空工程各系，使清华成为一所新型的综合大学。1925 年第一级学生毕业后考取庚款留学，许多后来成为著名的学者，例如杨业治、沈有鼎等。梅先生最得力的助手之一是叶企孙先生，理学院各系就是他建立起来的。此外，法学院各系由陈岱孙建立，工学院由施嘉炀建立，中文系由朱自清、俞平伯建立，外文系由吴宓建立。1935 年我上清华时，它已成为北方最好的大学之一，与北京大学齐名。清华很多名教授都是梅先生的学生，他受到了全校师生的普遍爱戴。“一二·九”学生运动时，游行队伍从清华园步行进西直门，到沙滩与北京大学的同学会合，途中受到军警用水龙头侵害。梅先生极力保护学生，学生对此也是清楚的。

我和梅先生接触不多。1946年我考取美国国务院奖学金，赴耶鲁大学深造。梅先生亲自用打字机为我和王浩写推荐信，我对此铭记在心。

1936年12月12日发生了西安事变。张学良和杨虎城两位将军对蒋介石兵谏，逼他与共产党合作，共同抗日。不少爱国同学为此事欢欣鼓舞。当时清华大多数教授对此事都很关心，陈福田教授还给我们出了一个模仿英文报纸短评的作文题目："Chang Detains Chiang"（张扣留了蒋）。

日本军国主义分子于1937年发动七七事变，北平和天津沦陷。梅先生早已预见到华北的危机，提前在长沙建立分校，并把宝贵图书、仪器南运，免受损失。

第四章

在战火中南迁

南岳求学

1937年7月7日卢沟桥事变，日本军国主义分子大举侵略我国，北平、天津沦陷。北京大学、清华大学和南开大学联合成立了长沙临时大学。文学院设在南岳衡山半山圣经学校分校，直到11月1日才开课。

我于11月中旬随吴宓先生和汤用彤先生（北大文学院院长兼哲学系主任）自长沙抵南岳。向系主任叶公超先生报到后，开始选课。这是我的大学三年级上学期。

我非常幸运地选修了英国诗人兼批评家威廉·燕卜荪（William Empson）先生讲授的“莎士比亚”和“三四年级英文读本和作文”课。燕先生当时只有31岁，未婚，是北京大学聘请的外籍教授，他是剑桥大学瑞恰慈教授的高足。燕先生的名著《朦胧的七种类型》（*Seven Types of Ambiguity*）讨论文学理论和文学批评问题，在英美学术界已引起重视。这些情况我在当时并不了解。

吴宓先生的日记里记载，在他访英期间燕卜荪曾来牛津看他，表示愿到中国的大学教书。后燕卜荪受聘于北京大学，随校南迁来到南岳，与外文系主任叶公超先生同寝室。因战乱交通困难，图书尚未运到山上。燕先生教“莎士比亚”，凭超人的记忆力，用打字机打出莎剧《奥赛罗》的全文，油印后供学生阅读。燕先生的英国口音很重，用粉笔在黑板上极迅速地写出他的讲词，随后立即擦去，继续边讲边写。开始我听讲感到吃力，后来逐渐适应了他的讲法。他善于启发学生思考问题。例如，他出了一道思考题：“Is Othello easily jealous？”（奥赛罗是否多疑？），让学生笔头作文回答。我对这种启发式的教学，深感兴奋、有趣。

燕卜荪先生教了我两学期的“莎士比亚”，教我如何分析和评论莎剧，给我打下了相当扎实的基础。他重视培养学生分析问题和思考问题的能力，引导学生初步进入文学研究的领域。这在当时我国的外文系是极为难得的。

燕先生教的“三四年级英文读本和作文”，对我的英文写作有很大的帮助。我还记得有一篇选文

燕卜荪先生

是阿道司·赫胥黎写的《现代的舒适》（“Modern Comforts”）。其主要论点是，“舒适”（comfort）和“威严”（dignity）是相互排斥的。现代人享受许多舒适的设施（comforts），就难以维持威严的仪容（the appearance of dignity）了。我就此观点写了一篇作文。燕先生的批语是“it’s a good flowing style”（文笔流畅），我很高兴。他批改作文非常仔细、认真，使我能够避免华丽、空洞的词句，学会用明确、质朴的语言直截了当地表达思想。他讲喜剧《皆大欢喜》（*As You Like It*），我在读书报告中提出这部喜剧开始时极为严峻，大有发展成一部悲剧的趋势（This comedy opens seriously and tends to develop into a tragedy.）。他对我的论点很感兴趣，鼓励我深入思考。后来我在耶鲁上研究院时，普劳蒂（Prouty）教授指定我写一篇研究《皆大欢喜》的课程论文。我查阅了大量研究此剧的论文和资料，在研讨班上做报告，受到教师和同学的好评。

我选的另一门课是罗皑岚先生讲授的“英国小说史”。我在南开大学读大一时曾上过罗先生教的“大一英文”课，因此罗先生仍记得我。由于我学习努力，罗先生在学期考试中竟给我评了100分。

我还选修了吴宓先生讲授的“古代文学”，内容为古代希腊和罗马文学。这是一门经典课程，对研究西方文学最为重要。吴先生记忆力超群，人名、地名、年代、故事情节、人物性格、作品的意义和对后代文学的影响等，都信手拈来。从吴先生的讲课，我认识到要取得好的教学效果最好不要看讲稿，而是全神贯注地面向学生，这样才能使学生感受到作品的魅力，起到潜移默化的熏陶作用。

吴达元先生教我们“第二年法语”，用的教材是北京大学法国教授邵克侣（Jacques Reclus）先生编选的教材，其中有莫泊桑、罗曼·罗兰等作家的名著。埃克多·马洛的《苦儿流浪记》（*Sans Famillie*）使我感动最深。我初次接触法国文学原著，欣喜的心情难以言表。这篇文章写的是雷米幼年家贫，母亲节省粮食，供孩子充饥。小标题是“J'ai respect du pain”（我尊敬面包）。此外，我对法语的语法和习惯用法继续加强练习，以求更加准确和熟练。

除了选修法语，我还选德语作为第三外语。另外，学生也可选俄语、日语、梵文等为第三外语。研究生为了专门研究的需要，还可选希腊语、拉丁语、意大利语等。

杨业治先生教我“第一年德语”，他的教授进度很快，班上只有三个学生，除我之外，还有低我一届的清华哲学系的朱南铣。杨先生对读音十分重视，我把德语的[o:]长音误读成英国英语的o长音（ou），他及时加以纠正。另外，法语和德语的[r]都用小舌发音，我用喉头含水漱口的办法不断练习，终于学会了。后来我在耶鲁大学读研究生时，导师罗伯特·迈纳（Robert Menner）曾称赞我的法语和德语读音比美国同学好得多。

杨业治和吴达元两位先生都是清华外文系第一届毕业生。杨先生在中学已学习英、德、法、希腊、拉丁等外语，上清华后深入学习德语。毕业后考取清华庚款留美，入哈佛大学德语系，学习中世纪德国文学。曾师从英语系名教授基特里奇（Kittredge），学习古英语和古英语文学作品《贝奥武夫》。他还学习了哥特语（Gothic）、中古德语（Middle High German）以及北欧语系（Icelandic）。留美期间，他曾去康奈尔大学上暑期希腊文班，学习古希腊荷马史诗。杨先生在哈佛德语系取得硕士学位后，转入德国海德堡大学继续研究德国文学，和冯至先生同学。他的博士论文是关于德国民族史诗《尼伯龙人之歌》（*Das Nibelungenlied*）之原型。

杨业治先生和吴达元先生在清华大学学习时留影（孙凤城提供）

他爱好西方古典音乐，喜弹钢琴，能作曲。为人淡泊名利，兴趣很广，尤喜陶渊明的诗歌，曾译陶诗为德文诗体。我上清华一年级时，他新从德国回到清华教书，是一位很年轻的教授。我除了上他的“大一德语”，后来还旁听他给德语研究生开的“希腊文”。

再来说说吴达元先生。他原籍广东，生于上海，和杨业治先生中学和大学都是同班同学。15 岁时，曾代表中国童子军参加在丹麦举行的世界童子军大会。吴先生留学法国里昂大学，学习法国文学和拉丁文。我上大学二年级时，他教我们“第一年法语”。他教课进度很快，每周四节课，不到一学期就已学完法语语法，开始读法语小故事。吴先生说他在法国读书十分勤奋，他练习法文写作，并学习拉丁文，曾费了大气力。我在他班上法文学得最好。后来上清华研究生时，我请他做我的导师，研究 17 世纪法国文学、法国古典主义文学理论，写出硕士论文“Tragic Elements in Molière’s Comedies”（莫里哀喜剧里的悲剧因素）。研究生毕业后，我在西南联大教英语和法语，仍不断受到他的帮助和鼓励。

在南岳的一学期，学术空气特别浓厚，学校鼓励学生自由听课。我旁听过冯友兰先生讲“中国哲学史”。

冯先生的河南口音很重，而且有些口吃。可是他讲话明白、清楚，逻辑性强。他用西方哲学的分析方法来分析先秦哲学，给学生指出一条研究学问的新道路。我上清华以前，就从报纸上读到冯先生从欧洲回国途经苏联，被当时的华北国民党政府怀疑有赤化倾向，因此被捕，关在保定数日。经清华校长梅贻琦先生担保，才得平安返校。冯先生公开宣称他研究哲学的方法是唯物的。我第一次见到冯先生是在1936年春末夏初。工学院院长施嘉炀先生请我父亲来清华讲黄河水利问题，他住在工字厅客房。冯先生来看他。我当时在场，记得冯先生对我父亲说："我们都是农耕家庭出身，家长重视孩子的教育。这是我国历来培养知识分子的道路。"

我在南岳还旁听过闻一多先生讲"诗经"，当时听众很多，教室窗外都站着许多学生。大一时我曾旁听过闻先生讲"唐诗"，现在又听他讲"诗经"，觉得十分有趣。闻先生清华旧制毕业，入芝加哥大学学习艺术史和艺术理论。他爱好文学和诗歌创作，是我国"五四"以来著名的新诗人之一。闻先生来清华教书，受聘为中文系教授，与朱自清、俞平伯先生共同提倡新文学，同时又用西方文学观点和方法研究中国古典文学。他用新

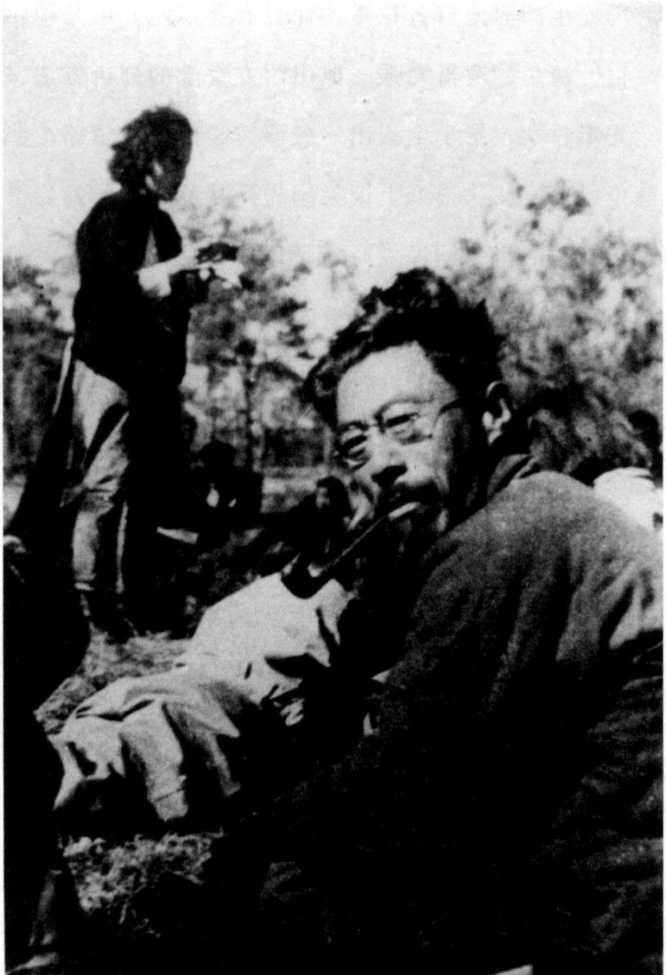

闻一多先生

观点讲“诗经”，引起学生极大的兴趣。

由于吴宓先生介绍，我认识了北大历史系教授毛子水先生，并曾去旁听过毛先生讲授的“科学史”课。

在南岳，师生共度新年。在新年晚会上，中文系浦江清教授讲西方新年的起源。他说日耳曼民族旧有Yuletide的节日。接受基督教后，又有圣诞节的节日。浦先生毕业于南京东南大学外文系，是吴宓先生的高足之一。他到清华后，又专门研究中国文学的词和曲，也是一位用西方文学的方法研究中国文学的老师。晚会上，学生请北大历史系教授钱穆先生讲话。钱先生说他正在读宋史，农民起义的领袖自称魔鬼，口号是“吃菜事魔”，类似李自成在陕北起义时提出的“迎闯王、不纳粮”口号。钱先生用很重的无锡口音念出“吃菜事魔”四个字，我好不容易才听懂，至今记忆犹新。

清华哲学系十二级朱南铣是我的好友之一。他是无锡人，南方口音很重。我在南岳和他初识，我们同上杨业治先生的“大一德语”课。课余我常和他交往。他毕业于上海正始中学，国学基础雄厚，还通晓日文、满文，又喜哲学和数理逻辑，可以算得上文理兼优的高材生。他告诉我无锡的一些风俗习惯。比如无锡有一个绕口令：“矮子肚里疙瘩多”需要倒着说，例如：“矮子，子矮，矮子肚，肚子矮，矮子肚里，里肚子矮，矮子肚里疙，疙里肚子矮，矮子肚里疙瘩，瘩疙里肚子矮，矮子肚里疙瘩多，多瘩疙里肚子矮”，十分有趣。还有一种反切（jargon），例如：上海话“今早天气交关好”需要在每一字前加上l音：“林今老早里天里气老交兰关老好里”，最后的里音表示句号。我也努力学会，和他练着玩。不久，杨周翰学长也学会了。我觉得这种游戏对学外语的人来说是很好的舌头练习。

朱南铣通满文，对《红楼梦》的考证以及古文字都有研究，陈梦家先生对他很欣赏。钱锺书先生和他是同乡，也说他是个怪才。我想这样的怪才不能有更大的贡献，一是精力过于分散，二是缺少机遇。看来做学问还是要既专又深，这是一条规律。

南迁昆明

1937年年末，1938年年初，武汉失守，长沙形势危急。由于战局的逼迫，“教育部”改长沙临时大学为西南联合大学，内迁云南昆明。身体健壮的男生，在曾昭抡、闻一多等教授率领下，组成徒步旅行团从长沙出发，经过三个月的跋涉，经贵州到达昆明。这件事在中国教育史上值得大书特书。体弱的男生、女生和大多数教师走海路前往昆明，即从长沙乘火车到广州，坐船到香港，从香港坐小火轮到越南海防，然后乘滇越铁路去昆明。我参加了海路。

1938 年 3 月初，我和牛其新、许国璋等同学前往广州。临行前，学校为我们办护照去香港和海防，第一次用上了法语。我们离长沙时仍是雨雪天气，抵广州时却阳光灿烂，鸟语花香。迁校办事处设在岭南大学，办事处主任为物理系郑华炽先生。我们借住在岭南大学学生宿舍，等船去香港等了整整一个月。这段时间，我充分利用岭南大学图书馆，读了里顿·斯特拉奇（Lytton Strachey）写的《法国文学的里程碑》（*Landmarks of French Literature*），加深了对法国文学的爱好。在岭南大学礼堂我有机会听到马思聪先生的小提琴音乐会。我还听过广州市市长吴铁城先生的演讲。广州没有租界，完全是中国人自己建设起来的现代化城市，在这里的一个月我过得充实愉快。

天有不测风云，1938 年 3 月 8 日早晨，牛其新同学带着香港版《大公报》来告诉我：我父亲在西安病逝，

1938年2月，湘黔滇旅行团在茶馆（沈颐提供）。

只活了56岁。当时我20岁，弟弟赋洋17岁，高中尚未毕业。我去中山大学找一位陕西同乡姓杨的工学院教授，向他请教我应否立即回西安奔父丧。杨先生说战火连天，兵荒马乱，劝我还是随同学去云南继续求学，将来有机会再回西安省母探亲。我听了他的劝告，暗中哭泣了数日。想到今后我必须依靠自己，才能有前途，我下了决心要更加勤奋地用功学习，不辜负父亲生前对我的期望。

我随大家自广州乘船到香港。拜见迁校办事处的两位主任叶公超先生和陈福田先生。他们慰问了我的丁忧。

我听说云南有瘴气，实为疟疾，想买一点金鸡纳霜（Quinine）带往云南。我在药店说想买一点[kwi'niːn]，店员读为[kwai'nain]。我读的是美国音，店员读的是英国音，香港当时仍为英国殖民地，我心中很是愤怒。

我们乘坐法国小货轮“广东号”自香港开往海防。途径广州湾（北部湾），上岸稍游览，发现那里风光绮丽，完全是亚热带风光。在船上听到的法语大约是殖民地的法语，不同于标准法语（巴黎法语）。在海防上岸时接近中午，阳光炽烈，人们似乎都在午休，店铺关着门。迁校驻海防办事处主任徐锡良先生到码头迎接，把我们安顿在一家旅店里。用午餐时，我开始学到一些有关饮食的法语，例如，café au lait（牛奶咖啡），bouillon（牛肉汤）等。下午，我和朱南铣同学去书店浏览，发现那里的图书甚贫乏。朱南铣欲购高等数学方面的法文书，竟一无所获。我买了一本有名的法国文学史，编者是朗松，仍保留至今。

这时，我们才知北大、清华、南开三校已联合成立国立西南联合大学，设在昆明。因学校尚未修建校舍，理工学院暂借用昆明院校、会馆的房舍，而文法学院则在蒙自成立分校，租用希腊人开的哥胪士洋行的房屋。

第五章

弦歌不辍的西南联大

从蒙自到昆明

自海防至老街，开始乘滇越铁路火车。一路崇山峻岭，颇似我国山水画中的风景。到蒙自下车后，感觉那里也是亚热带风光。天蓝云白，天空中飞着白鸟，十分美丽。校园中长着奇花异草，宿舍旁有一个小湖，名叫南湖。我有幸和同班同学许国璋、王佐良、李博高合住一室，日夕相互切磋，获益良多。另外，我们又联合十级政治系同学方钜成等人，成立了一个英语俱乐部，取名 Lakeside Esquires（湖畔绅士）。我们不定期举行英语报告会、讨论会和辩论会。大家兴致勃勃，进步很快。

在蒙自一学期（三年级下学期），我充分利用并不丰富的英文图书，训练快速阅读的能力，争取每日阅读一册。这种能力对我后来在耶鲁大学读研究生时，每周阅读四个莎士比亚时代的戏剧很有帮助。快速阅读一方面训练抓住作品大意的能力，另一方面培养鉴赏英文文体风格的兴趣。

这一学期我继续上燕卜荪先生讲授的“莎士比亚”课。

系主任叶公超先生教我们两门课：“文学批评”和“18世纪英国文学”。叶先生的教法是先在黑板上写一简明扼要的提纲，随后任意发挥，妙趣横生。叶先生的英语读音是英国音，十分悦耳。文学理论给文学研究和创作总结出一些规律，研究文学作品必须重视这些规律。叶公超先生在这方面给我起了启蒙的作用。

叶先生讲“18世纪英国文学”，讲到当时伦敦文人聚会的coffee-houses，先后执文坛牛耳的德莱顿、蒲柏和约翰逊的名言和趣事，讲得有声有色。叶先生让我们写读书报告。我开始学习查阅文学参考书，搜集资料，试图写出一篇小论文。我选了蒙塔古夫人（Lady Mary Wortley Montagu）的《书信集》，这部散文作品反映了18世纪伦敦上层社会的生活。叶先生称赞我班同学王佐良的英文写得自然流畅。

陈福田先生在昆明主持理工学院学生的“大一英文”课，隔周乘轻便火车（法语为micheline）自昆明至蒙自上“欧洲小说”课。我选了福楼拜的名著《包法利夫人》做英文读书报告，觉得很有收获。在三年级下学期，我学业上有很大提高，因此获得了陕西省教育厅的奖学金 50 元。

蒙自的联大师生于 1938 年暑期陆续乘火车迁往昆明。途经开远，必须下车住一宿，第二日下午始抵昆明。我们的宿舍暂借大西门外昆华农校的校舍，后来又迁入昆华中学南院。当时清华的元老马约翰（John Mo）教授负责安排学生宿舍，问题甚多，颇为棘手。我听见马先生自言自语说："This is the worst trouble I've ever got into."（我从没遇到过这么麻烦的事。）我听到这个句子感到新奇有趣，因为介词 into 放在句末，似乎不合英语语法规则。后来我才懂得这是地道的英语习惯用法。拘泥于语法学不到真正的英语。

文学院的教室和图书馆在昆华农校，理学院和法学院也在农校和昆华中学北院，工学院在城东拓东路迤西会馆。从此西南联大才合在一起，于 1938 年 11 月 1 日在昆明正式开课。虽然生活相当艰苦，但是师生都把全部精力投入教和学之中。

我在西南联大四年级时，燕卜荪先生讲授"20 世纪

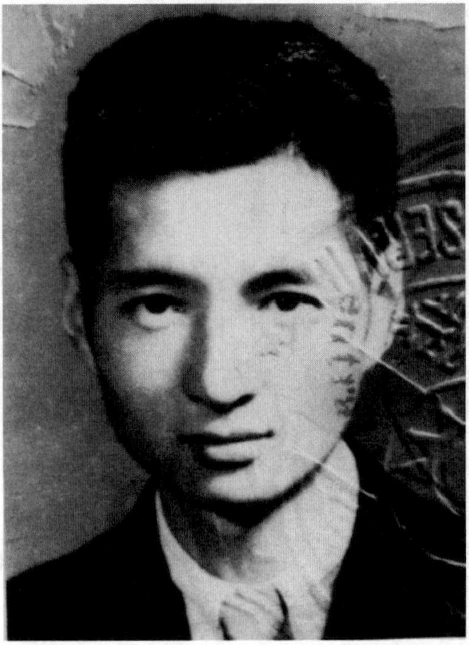

在西南联大学习期间的李赋宁

英美诗歌”。先生本人是诗人，他的课引导了我的同班同学查良铮（笔名穆旦）创作了现代派的中国新诗。这种影响被后来西南联大外文系的学生袁可嘉、杜运燮等人继承，形成“九叶诗派”。

四年级的另一门重要课程是钱锺书先生讲授的“文艺复兴时期的欧洲文学”。钱先生从牛津大学学成归来，受清华大学之聘，职称为正教授。在清华这个聘任是破格的，一般从国外归来的留学生只聘为专任讲师（相当于副教授）。钱先生学贯中西，他的父亲钱基博先生是著名的国学大师，钱先生考入清华大学外文系以前已打好非常扎实的国学基础。他过目不忘，读书勤奋，对西方的典籍也十分熟悉。钱基博先生与吴宓先生相识，命他入学后拜见吴宓先生。据吴先生说，锺书曾向他推荐西文新书，这是一年级新生中从来未发生过的事。

我班同学怀着好奇和渴望的心情来上钱锺书先生的课。钱先生29岁，才华横溢。他讲文学重视思想史。例如，从古代希腊到文艺复兴时期，是从古希腊、罗马、中世纪、文艺复兴到近代，使学生了解西方文学发展全貌；又如从古希腊到文艺复兴时期人们对爱情和婚姻看法的演变；中世纪和文艺复兴时期之间的延续性不可忽视。

文学研究是一门复杂的学科，因为文学反映社会现象。要想说明一种现象，必须掌握充分的证据。钱先生讲课，每个论点都有事实根据，因此他在黑板上写出拉丁、德、法、意大利各种语言的引文来证实他的论点，给学生示范做学问的严格性。他说拉伯雷最能代表文艺复兴的精神，让学生读《巨人传》的英译本，并让学生模仿《巨人传》的文体。钱锺书先生引导我们进入了西方文学研究的殿堂，我开始体会到研究西方文学必须重视西方思想史，这样才能训练青年人的分析和评论能力。

他教的另一门课是“20 世纪欧洲小说”，介绍当代欧洲最有名的一些小说名著。这门课以及燕卜荪先生讲授的“20 世纪英美诗歌”，使学生看到现代文学的继承和创新。燕先生讲 T. S. 艾略特、奥登、斯彭德等人的诗，钱先生讲马塞尔·普鲁斯特、安德烈·纪德等人的小说，使学生对现代文学发生强烈的兴趣，激发起学生模仿和创作现代中国诗歌和小说的欲望。

钱锺书先生还鼓励我们多学外语，看第一手材料，尤其要学好法语。他自己就在法语上下过很大的功夫。在西方文学史中，各时期法国文学总是居于领先地位，因此首先要学好法语。他自己曾摘录拉鲁斯法语词典中的短语和成语，并与牛津出版的《法英词典》（*A French-English Dictionary*）做过细致比较。我读莫里哀喜剧时遇到一个短语“sans quartier”，弄不懂它的含义，法文老师也解答不了。于是请教钱先生，他回答说，义为“sans merci”（毫无怜悯），英语也有此短语“without quarters”。我曾和周珏良学长租民房居住，正好钱先生也住在那里，我每日目睹钱先生如何勤奋读书。他每周都要去图书馆借一批中外文书籍，下周另换一批。钱先生读书勤做笔记，也给我留下深刻印象。另一个印象是下课后他常和北大潘家洵教授一同散步，练习法语会话。

钱先生在西南联大教了一年书，便离开昆明去湖南蓝田国立高等师范学院外语系教书。原因是他父亲钱基博先生在该校任中文系主任，约他前往相聚。钱先生遵父命前往，绝非西南联大排挤他。他在蓝田师院教了一年书，观察到教育界一些可笑可耻的现象。一年后，他回上海，与夫人杨绛女士和女儿钱媛团聚。他在上海《字林西报》社工作，业余开始写他的小说《围城》，一般读者认为钱先生的学术研究莫测高深，但都爱读《围城》，也爱看这部小说改编成的话剧和电视剧。我的耶鲁同学夏志清在哥伦比亚大学教中国文学，用英文写了一本《现代中国小说史》，对《围城》评价很高，称之为“当代的《儒林外史》”。

言归正传，这一年，吴达元先生开始为我班同学讲授“第三年法语”。他用的教材是莫里哀的《喜剧集》。他用法语讲课，训练我们的听力。课外读物为巴尔扎克的短篇小说集，要求我们用法文写读书报告。我对法语和法国文学的爱好日益加深。我借来莫里哀《喜剧集》的英译本，对照体会两种语言表达方式的异同。吴达元先生教学严格、认真，批改法文作文一丝不苟。他的教学法和教学态度也影响了我以后教书的实践。

四年级另一门必修课是“中世纪欧洲文学”。这门课原先由翟孟生先生讲授。因他未到昆明，故改由杨业治先生讲授。杨业治先生讲授的重点是但丁的作品和中世纪拉丁文学，把中世纪和文艺复兴串联起来，使学生能够看到文学传统的延续性。

清华的“第四年英语”原先由美国女教师 Ms. Billie 教授。由于她未到昆明，叶公超先生自告奋勇教授此课，主要讲印欧语系语言学和英语的来源与发展。他让学生读帕尔默（Palmer）的《印欧语语言学》（*Indo-European Linguistics*）。我在这门课上初次得知英语和德语同属于日耳曼语的西日耳曼分支。德语是高地日耳曼语系，英语和荷兰语是低地日耳曼语系。法语是由拉丁语演变成的，与西班牙语、葡萄牙语、罗马尼亚语等都属于拉丁语系。英国在中世纪被法国人统治达三百年之久，因此英语中有大量的法语和拉丁语词。所以，英语的词汇特别丰富，表达手段多样化。这门课很重要，因为研究西方语言和文学必须了解西方语言的演变。后来我在耶鲁读研究院，选了瑞典教授海尔格·科克里茨（Helge Kökeritz）的“英语史”课，学习成绩名列前茅。应该说是西南联大的学习为我打好了基础。

这一学年，我班同学还选修了刘崇鋐先生的“英国史”课。刘先生得知我们有志深入学习英国文学，为帮助我们研究相关历史背景，特为我们讲授此课，使我们了解英国立宪政治的发展过程。我们十分感念刘先生的热心。

文科各系相互配合，以便更好地培养青年，这也是西南联大的教学特色之一。

三位学长

在西南联大上四年级时，从国外回来的北大外文系

1946年赴美前，李赋宁（中）在上海与杨周翰（左一）、徐孝通（左二）、朱南铣（左四）、朱德熙（左五）合影。

杨周翰学长与我们同班上课。我很欣赏他的风度和地道的英国口音。我了解到他是苏州人，生长在北平，祖母把他带大。父母都在苏州，父亲是一所中学的校长。周翰学长比我早两届上大学，长我两岁。他上的是崇德中学，是一所英国教会学校，以功课严格著称。由于国文教师讲课发生错误，周翰当堂指出，使老师下不了台。老师告到校长那里，说："有他，没有我。"校长不得已，勒令周翰退学。周翰插班上灯市口育英中学，后考上北京大学外文系。上到三年级，瑞典汉学家喜龙仁（Osvald Sirén）来到北大，物色一名中英文俱佳的学生帮助他翻译有关清朝绘画史的资料为英文。周翰被选中，跟随喜龙仁到斯德哥尔摩工作。经过两年的翻译实践，他的英文写作水平有很大的提高，喜龙仁非常满意。当周翰从马赛上船，经西贡回到昆明时，已是抗日战争的第三年了。同学们热情地欢迎他复学，请他用英语做报告，谈谈对欧洲的观感。他的英文使我倾倒，决心向他学习。

周翰爱慕清华十级外文系毕业的王还学长（福建人，北平生长，上海中西女校毕业）。她是西南联大北京大学聘任的外文系助教。当时日本飞机时常轰炸昆明。来警报时，师生都到郊外躲避。王还总是独行，我鼓励周翰向前陪伴，有情人终成眷属。他们去昆明附近的安宁温泉旅行结婚，同学们都为他们高兴。

周翰为人直率，王还也很大度，我喜欢去他们家谈天。他们夫妇很勤快，家里收拾得很整洁。周翰的中英文水平很高，中文书法秀丽、生动。他们对语音很考究，时常纠正我的英语读音。例如，我把高尔夫球读作 [goulf]，王还纠正为 [gɔlf]。我把古代罗马民族史诗《埃涅阿斯纪》（*The Aeneid*）读作 [i'niːəd]，周翰纠正为 ['iːniəd]。王还对汉语语法规范问题很重视，后来到剑桥大学教中文。

周翰为中英文化协会交换生，于 1946 年赴英国留学，入牛津大学王后学院，从大学一年级学起。这使他可以打下英国语言和文学的坚实基础。同时他又学了古英语、中古英语和拉丁文。经过三年的勤奋学习，完成了学业，获得了剑桥大学图书馆中文图书编目工作。这时王还已在剑桥教中文。后在我的推荐下，清华决定聘请周翰夫妇回校任教。

我于 1950 年秋季学期开始在清华大学外文系教书，周翰夫妇于 1951 年年初回到清华，从此开始了我们共同教书的历程。我教英语专业一年级英语，周翰教二年级。

周翰勤奋著作，著有《十七世纪英国文学史》，其中最精彩的一章为“论弥尔顿的教育思想”。译著有从拉丁文直接翻译成中文的《埃涅阿斯纪》。此外尚有多篇论中西比较文学的论文。由于他在比较文学研究领域取得的成就，周翰被选为国际比较文学学会的副会长。

周翰为人正直、豪爽。由于过度劳累，他患癌症过早逝世。他是我的一位良师益友，我常常怀念他。

清华十一级哲学系徐孝通学长与我在清华和西南联大交往很久，是我的好友之一。他是江苏宜兴人，出生在东北。父亲在交通部做事，是张嘉璈[1]的部下，后来在天津工作，因此孝通是南开中学毕业。我在中学与他并不相识，到了清华才熟识起来。孝通长我两岁，身材高大，被誉为南人北相。因我祖籍陕西，出生在南京，有人说我是北人南相。孝通谈吐风趣，稍微有点口吃。他常用《笑林广记》中嘲笑老陕的故事和我打趣。他选择哲学为专业，因为对逻辑学很感兴趣。后来上清华研究院时，他师从金岳霖先

1 张嘉璈（1889—1979），字公权，上海宝山人。二哥张君劢，二妹张幼仪。曾任中国银行总经理、铁道部部长、交通部部长等职。

生，学数理逻辑。但他对德国古典哲学也发生兴趣，因此学习德文，读康德哲学。另一方面，他对中文《说文解字》也感兴趣，日夕钻研。他又喜读西方侦探小说，因此英文也很不错。他也喜欢京剧，能拉京胡。我唱，他为我伴奏。他能看工尺谱[1]，我却不能。总之，他多才多艺，大家都很喜欢他，他的宿舍爱去的人很多。

由于金岳霖先生出国讲学，孝通的学业未完成。贺麟先生约他到西方古典哲学名著翻译室翻译康德哲学。完成之后，他受聘于私立五华中学教英语，受到学生的爱戴。由于他父亲不幸在重庆交通部逝世，他去重庆奔丧，临行托我替他教高三班和初二班的英语课。

抗战胜利了，孝通回上海工作。他在上海师范大学教哲学和逻辑。业余还为《中国大百科全书》哲学卷编写条目，受到读者的好评。

孝通是我的好友之一，我和他交往很久，时常思念他的音容笑貌。我记得他曾说我写的英文颇似 19 世纪英国女小说家简·奥斯汀的风格，这是因为我很爱读她的小说。

1　工尺谱，中国传统记谱法之一，因用工、尺等字记写唱名而得名。

清华十级数学系陈镇南学长也是我的一位好友。他祖籍杭州，在北平和上海生长。他善昆曲和京剧，又喜外语，与我有共同的爱好。我在清华时并不认识他。和他相识是在1940年的昆明。当时我已上了一年的研究生。他毕业于上海大同大学数学系，后考清华二年级转学生，被录取。1938年他在昆明毕业，在外县某中学教了两年书。1940年他回到昆明，报考清华研究院数学系。后来他的兴趣逐渐转向哲学，喜读德国古典哲学。因此努力学习德语，以求能读原著。我和他熟识是在1941年暑假。由于西南联大校舍被日本飞机炸毁，一时不能开学。我们为躲警报，同往昆明附近澄江县立初中教课一个月。在这一个月期间，他和我课余一同散步。他教我唱余叔岩的“战樊城”两段，深得余味。他收集了不少旧唱片，包括谭鑫培（艺名小叫天）的在内，他唱京剧学的是谭派正宗。此外，他还纠正我的德语读音，因此我喜欢与他交往。

镇南学长由于德国古典哲学读得好，研究生毕业后，也被贺麟先生聘为西方古典哲学名著翻译室的德文翻译。我和他交往频繁。我俩喜坐茶馆，喝昆明的雨前绿茶，还常一同欣赏滇剧，别有风味。镇南学长的头发总是梳得很整齐。他洗冷水浴，也喜欢玩电器，寝室内装了不少小电灯，十分有趣。同学们与他开玩笑，叫他“镇南大将军”。我国与越南交界处有个“镇南关”，因此送他这个绰号。

1952年高校院系调整后，他从清华外文系被分配到新北大西语系教德语。我听过他一次学术报告，讲德语的虚拟式。他对德语语法和修辞研究得很深入。北京市成立了北京工业大学，在东郊。领导请北大西语系选派水平很高的教师前去支援。镇南学长被选中，他服从分配前往任教。后由于积劳成疾，不幸患了癌症，去世时还不到50岁。他的音容笑貌常浮现在我的眼前。

读研期间

我于1939年在昆明毕业，仍领清华大学文凭。这时清华恢复招考研究生。系主任陈福田先生鼓励我报考。我和吴宓先生商量，他说：“你既然爱好法国文学，何不报考法国文学研究生？”这样我选了吴达元先生做我的导师，研究莫里哀的喜剧。

清华重视恢复招考研究生。国文作文试题特请陈寅恪先生命题和批改。陈先生命题为“深造自得说”，对此我印象颇深。吴宓先生考欧洲文学史，吴达元先生考英译法。吴达元先生指导研究生十分认真，他让我细读莫里哀全集，以及同时代的剧作家高乃依、拉辛，文学批评家布瓦洛，寓言作家拉·封丹等，全面了解17世纪路易十四时代法国文学的背景。我的作业是每周用法文写一篇读书报告。吴先生认真批改。我的法文写作逐渐有了一些进步，阅读速度也有了提高。经过两年的刻苦学习，我对法国文学的知识有了更深入的理解。我毕业论文的题目最终定为“莫里哀喜剧里的悲剧因素”，用英文撰写，因为考试委员会的成员大多数都只懂英语。

我在读研究生期间，抽空旁听了一些课程。我曾旁听陈寅恪先生为中文系开的“唐诗”课，讲到白居易的《长恨歌》和《琵琶行》，陈先生引用《旧唐书》《新唐书》《唐会要》等文献来证明他的论点，使我体会到他治学的严谨。我也旁听过中文系刘文典教授讲的“温、李诗”[1]，分析得十分细致和深刻。

---

1 指晚唐诗人温庭筠和李商隐。

我还旁听过汤用彤先生为哲学系开的“大陆理性哲学”。汤先生虽以研究印度哲学为专长，但他也是学贯中西，对西方哲学有深刻研究。我虽然听不甚懂，但对他分析问题的精细十分敬佩。

我对中世纪欧洲历史也感兴趣，特去旁听雷海宗先生讲的“中世纪欧洲史”。前面提到过，雷先生从芝加哥大学博士毕业，到清华任教后，开始深入研究中国史，后来主要讲授“中国通史”，同时也讲授西洋史。雷先生的记忆力十分惊人，从不带讲义，但年代、事件、人名、地名、出处等丝毫不会有错。

我还抽时间旁听了温德先生为本科生开的“英诗”和“莎士比亚”课。温先生在清华教本科生“三年级英语”，主要讲罗伯特·勃朗宁的诗，特别重视英诗的节奏和口语的效果。吴宓先生讲诗，多从思想内容上讲解，温先生讲诗则富于戏剧性，十分生动。我从他的课体会到英诗的节奏和戏剧性。同样，他讲“莎士比亚”也强调莎剧的无韵诗体的口语效果。尤其他讲《李尔王》一剧，把每一个角色的对话都恰如其分地表演出来，犹如观看莎剧的演出。后来我在北大为英语专业五年级学生讲《麦克佩斯》[1]一剧中主人公麦克佩斯和他夫人的对话，特请他录音在课堂上播放。他用两种不同的声音念出，效果极为生动。

1941年春夏之交，我在清华大学研究院毕业，参加论文答辩，系主任陈福田先生请温德先生担任我的主考官。清华研究院的制度是：研究生论文答辩会出席人除本系全体正教授外，还要邀请本校外系两位正教授和外校同系一位正教授参加。文学院院长必须出席答辩会，所以冯友兰先生在场。本校外系的考官有中文系闻一多先生和历史系邵循正先生。邵先生问了一个有关路易十四的问题。外校的考官为闻家驷先生。闻先生用法语问我两个问题，我须用法语回答：一个是帕斯卡尔的《思想录》中提到"人是会思想的芦苇"。另一个是拉辛的悲剧作品中，哪部情节最为紧凑。这两个问题我居然都回答得出。另外，本系德语教授杨业治先生问的问题是：试比较英、德、法三国文学。英国文学有莎士比亚，德国文学有歌德，都是西方文学的顶峰。法国文学中的莫里哀岂能与这些顶峰作家相比？我回答道：法国文学在

1 现译《麦克白》。

各时期总是欧洲文学的带头人，例如民族史诗《罗兰之歌》，18 世纪末的“启蒙运动”，以及 20 世纪的各种流派都是法国文学领先。总之，法国文学总是文学理论的带头人，托尔斯泰就受启蒙运动思想的影响，如巴尔扎克、福楼拜、伏尔泰、卢梭、莫泊桑等法国作家都有很高的成就，我还得补充一句：意大利文学的但丁《神曲》也是欧洲文学的顶峰。温德先生问我法国 17 世纪童话作家夏尔·佩罗的作品，可见他对儿童文学也感兴趣。我的综合考试答辩顺利通过，成绩为 91 分。系主任很高兴，聘我为清华和西南联大教员，比助教高一级。

这次答辩会检验了我的英语、法语语言能力和文学知识，是我一生的一个里程碑。从此我开始了在大学教书的职业。

第六章

昆明北门街71号

留校任教

1941年秋季我开始教书。我的教学任务是“大一英语读本和作文”和“第一年法语”。“大一英语读本”采用“教育部”统一教科书，内容多选自文学作品。

学生的英文基础不错，有来自北平师大女附中、重庆南开中学的，还有些来自香港、印尼、马来西亚的。系主任要求用英语讲解课文和质疑、答疑。我的教法是用英语先讲课文的全篇大意，然后选出若干难点来和学生讨论。当时我24岁，毫无教学经验。有时被学生问倒，回去查书、查字典，设法给学生一个交代，这时我开始勤查《简明牛津词典》（*Concise Oxford Dictionary*），备课和改作文都离不了它。一年下来，我的英文程度有了相当大的提高。

我教“第一年法语”用的是美国大学法语教科书。“第一年法语”共分五个组：A 组教师为闻家驷先生；B 组为吴达元先生；C 组为林文铮先生；D 组为陈定民先生；E 组为我。除我之外，其他教师都是法国留学生、教授。独我未留学，只是一名教员。居然也有五位同学选我的课，其中有三人是中文系二年级学生。他们是马汉麟、李荣和汪曾祺。由于我认真备课，细心改作业，勤于测试，虚心向我的老师求教，因此这五名同学对我的教学还比较满意。一年下来，系主任鼓励我，提升我为专任讲师。

第二年秋季开学，我的教学任务是：（1）大学二年级英文读本和作文；（2）欧洲文学史（吴宓先生讲授）中英国文学史；（3）第三年法语（吴达元先生讲授）中语法部分；（4）欧洲名著选读中莫里哀喜剧部分。教学负担相当重，但是我勇敢地承担了起来。在我的“二年级英文作文”班上，有一位中文系二年级学生名叫吕德申，作文写得很好，我印象很深。许多年后，我们都在北京大学教书。吕德申在杨晦先生指导下讲授马克思主义文艺理论，成为这方面的专家。

我喜欢改学生的作文，因为年轻人常有一些有趣的想法。改作文也是提高我自己英文写作的一个途径。这些新的教学任务对我是新的考验。我逐渐习惯了教学相长的教书生活。有一件有趣的事情：我读了伦敦大学哈洛德·拉斯基（Harold Laski）的著作，同意他的看法，给学生出了一道作文题："Economic Equality Is More Important than Political Equality"（经济平等比政治平等更重要）。王佐良学长告诉我说，他偶然听见学生议论我，说我是民盟成员。当时西南联大民主空气浓厚，我思想上也受了一点影响。

校外兼课

在西南联大教书共五年。在这期间，我曾在其他院校兼课。云南省成立了一个留美预备班，计划培养一批建设本省的人才，求助于西南联大。系主任陈福田请陈嘉教授去教"英文读本"，让我去改英文作文，并负责答疑，同时还要组织学生练习英语口语。这个兼差对我的英语能力是个考验。学生提出的读本中的问题我都能圆满地答复，和学生一同练口语也十分有趣。有一次我们谈的题目是 International Marriage（跨国婚姻），大家辩论得很热烈。

中法大学当时也迁在昆明，请我去教英语。我班上有两位同学后来和我有来往。一位是王道乾，他在新中国成立后翻译了最早的一本马克思主义文艺理论的书。另一位是叶汝琏，他后来和我同在新北大西语系任教，在法语教研室教法语。

我在昆明私立五华中学兼课也是一段有趣的经历。校长李希泌是西南联大历史系毕业生。他请到朱自清先生教高三国文课。还请到王瑶、季镇淮、徐孝通几位学长教国文、历史、英语等课。徐孝通学长赴重庆丁父忧，让我替他教英语。我教初二和高三英语。初二英语用的是林语堂编写的开明书局出版的英语读本。高三英语课文多选自英国文学作品，例如，苏格兰作家罗伯特·斯蒂文森的《携驴旅行记》（“Travels on a Donkey”），语言幽默诙谐，学生很感兴趣。我让学生写英文作文，结合时事，发表意见。罗斯福总统突然患脑溢血去世，我出作文题为：“President Roosevelt Passed Away”（罗斯福总统去世了）。学生大多数也能表达他们的哀思。顺便提一下 Roosevelt 的读音。我当时读作 ['ruːsvəlt]。后来在耶鲁，李田意学长告诉我这个姓来自荷兰语，应读作 ['rouzəvelt]。西方的姓氏读音有时与拼写不同。

北门街 71 号

我于 1942 年被清华大学聘任为外文系专任讲师后，由吴宓先生介绍，经李继侗先生同意，从昆中北院宿舍迁入北门街 71 号。当时有许多前辈学者和老师也住在那里，我有幸和这些大师们住在同一宿舍达四年之久（1942—1946），日夕相处，耳濡目染，对我以后做人和治学都起了深远的影响。

昆明北门街 71 号是西南联大时期清华大学单身教授宿舍。该宿舍原为唐继尧公馆的戏楼。从大门进去后，右侧有一间门房，里面住着一对四川夫妇，他们为宿舍中的教授挑水、买菜、做饭。门房右侧有一门通向里院，内有一间大厅，住着担任联大航空系主任兼清华大学航空研究所所长的庄前鼎教授和他的夫人与孩子。门房通向各正厅之间有一小院，右侧放着几口水缸，储存着四川厨师从先生坡下汲取后挑上来的井水，为做饭和盥洗之用。厨房在小院左侧。小院左侧稍南有一门通向一个较大的院落，李继侗教授种了几畦菜，亲自耕种、灌溉，供给入伙的教授们食用。院落尽头是蹲坑的厕所，条件十分艰苦。

正厅是一个长方形的大厅，里面放着一张长桌、一面圆桌和若干条凳子。长桌上有一两份当地的报纸。圆桌是饭桌，平时只开一桌饭，供入伙者用。有时人多，也开两桌，为了供给住在乡下、进城上课或办事的教授们用饭。当时为躲警报（日本飞机轰炸昆明市，联大校舍 1941 年被炸，损失颇大），许多有家眷的教授都住在乡下，例如，陈桢、冯景兰、吴有训等先生。李继侗先生主动承担包伙者的会计，每月公布正式入伙者和部分入伙者（包括住在乡下的教授）每人应交的费用。我从他公布的名单上才得知有些教授的名字，例如，陈席山（陈桢）、冯淮西（景兰）、吴正之（有训）等。其实住在清华单身教授宿舍的人，除了陈岱孙、叶企孙和金龙荪（岳霖）三位先生和美国教授温德先生抱独身主义、吴宓和沈有鼎两位先生已离婚、年轻教授邵循恪和王宪钧两位先生未婚外，其余的教授都是已婚者，只是他们的夫人都不在昆明。

朱自清先生的夫人陈竹隐女士当时在成都四川大学图书馆工作；李继侗先生的夫人仍滞留在沦陷后的北平；陈福田先生是华侨，陈夫人远在檀香山；陈嘉先生的夫人任教于重庆青木关国立音乐院；等等。正厅南面是戏台，戏台上面还有一层楼，为一大间住房，住着温德先生。温德先生爱好古典音乐，他房中时常飘出巴赫、莫扎特、贝多芬的唱片乐曲。他又经常收听BBC（英国广播公司）的时事新闻广播。我有幸和他住隔壁，耳福不浅。戏台对面的楼上，也有一间大房，算是这个宿舍的正房。因为面积大，里面住了五位教授：金岳霖、陈岱孙、李继侗、朱自清和陈福田先生。这五位教授各据一个角落，拉起蚊帐，互不干扰。正房的楼下有两间小房。一间住着邵循正先生和邵循恪先生两弟兄，另一间住着王宪钧先生和杨业治先生（杨先生住在乡下，进城来上课的日子就和王先生同住此室）。正厅的两侧有一些小房间。陈嘉先生住了一间我原来住过的房间。那间房子耗子特凶。我外出上课时，耗子就爬上我的床，啃我的毯子。我不得已搬了一块很重的石头压在地面上的耗子洞口，才得暂时相安无事。就在那间陋室里，陈嘉先生在打字机上用英文创作了好几部反映抗日战争时期后方知识分子生活的剧本，写了好几篇介绍中国戏剧的英文文章（抗战胜利后，在美国刊物上发表，受到好评）。其余那些小房间，大多是供住在乡下的教授进城上课时过夜之用。例如，吴有训、黄子卿等先生。我仍住在楼下时，和吴先生隔壁。黄先生住在大厅另一侧的一间小室内。黄先生的家在黄土坡。他因孩子多，家庭负担重，在中法大学兼课（中法大学当时在黄土坡上课），教大学物理。黄先生是物理化学专家，教大学普通物理应是游刃有余，但他备课极为认真。有一次，为了弄清楚某个问题，他特意到吴先生室内来请教。我在隔壁听见他们讨论得很热烈。从这一例子可以看出西南联大的教授多么重视基础课的教学，多么一丝不苟！

正厅东侧楼上几个单间小室内住着叶企孙先生、刘崇鋐先生和沈同先生。那时叶企孙先生已辞去“中央研究院”总干事职务，从重庆来到昆明。梅贻琦校长委托叶先生主管清华五个研究所的事务。我经常看见叶先生在正厅长方桌边接待来访的客人、同事，和他们耐心地谈话、讨论。这是十分劳累的事，因为来客几乎是络绎不绝。清华这几个研究所做出的优异成绩是和叶先生的精心策划和辛勤劳动分不开的。

我记得有一次陈岱孙先生在正厅里长方桌边看报，有一位客人把报上标题中的“斡旋”二字误读作“幹旋”。陈先生纠正了那人，说应读 wò，不应读 gàn。陈先生并朝楼上正房里的朱自清先生喊话，问道：“佩弦，是不是念 wò 旋，不念 gàn 旋？”朱先生肯定了陈先生的读音，说“斡”和“幹”根本是不同的两个字。张奚若先生一家住在北门街唐继尧陵园内的房舍里，离 71 号咫尺距离。张先生常来 71 号找金岳霖先生聊天，他们是美国哥伦比亚大学政治系同学和多年的老朋友。我记得有一次张先生考金先生英文 chasm（深渊，鸿沟，巨大差别）一词如何读音。由于这个词来自希腊文，因此 ch 不读作 [tʃ]，而读作 [k]（希腊字母 χ=kh）。这两个例子可以说明西南联大的老师对语言的精确，要求得多么严格，我在一旁听见，真是受惠无穷。

邵循正先生是历史学家，治元史。他学识渊博，曾担任《清华大学学报》（文史版）主编多年。英国牛津大学汉学专业高级讲师（Reader）休斯先生到联大进修，要求研究中国古代哲学。梅贻琦校长安排休斯住在北门街 71 号正厅西侧楼上客房内，并请邵循正先生做休斯的导师。休斯苦读先秦诸子百家，日以继夜地和古汉语搏斗。邵先生耐心地用英语回答休斯的提问，和他讨论各家的学说和各派的不同论点。半年之后，休斯先生满意地回往牛津。邵先生为中英学术文化交流做出了有益的贡献。当时休斯已五十开外，满头苍发，而邵先生仅有三十多岁，一头青丝。华发人认黑发人为老师，倒也有趣。我对邵先生十分景仰，因为他的法文非常好。他在巴黎法兰西学院还学了蒙古文、突厥文、土耳其文、波斯文等。这些语言对他研究元史都有用处。1938 年春，西南联大文学院和法学院设在蒙自。当时外文系只有一位法语教师吴达元教授在蒙自授课，而各系选修法语的学生人数很多，需要开两个平行班。吴达元先生同时要教第一年、第二年和第三年法语，没有精力再教一班第二年法语平行班。学校当局特请邵循正先生担任此平行班的授课教师。我当时是大三学生，曾去旁听过邵先生的法语课。他教给学生如何用记住派生词的方法来扩大词汇量，例如，从名词 couleur（颜色）一词派生出动词 colorer（着色；脸红），另一动词 colorier（用颜料绘画），形容词 coloré（[面色] 红润），抽象名词 coloris（色调，特色，文采），具体名词 colorisle（着色师，配色师），以及反义形容词 incolore（苍白无色的，暗淡的）等。1941 年，我在清华大学研究院毕业前的论文答辩口试中，曾被邵先生问过一个有关路易十四时期法国历史的问题，问题大意是：当时歌功颂德的人称路易十四为 le roi-soleil（太阳皇帝），如何评价这位君主的历史功过？

后来我在西南联大教英语和法语时，邵先生曾告诉我说，他在法兰西学院学土耳其语时，该课程由两位教师担任：一位是教授，负责讲解土耳其语的历史和语言学理论；另一位是助教，负责指导学生做土耳其语的口笔头练习。邵先生这番话使我认识到语言史和语言理论不可忽视，从此我在教学和研究中力求理论和实践并重。

我的恩师吴宓先生在西南联大主讲欧洲文学史（吴先生讲课的内容还包括印度、波斯、日本等东方国家的文学），他为了培养我的讲课能力，就把这门课的英国文学部分分给我讲。吴先生住在温德先生房间西侧的隔壁，我住在楼下正厅东侧的一间小房内。我经常向吴先生请教专业上的疑难问题。1944 年，吴先生休假，去成都燕京大学讲学，托我看守他的房间。我于是从楼下搬到楼上，替他看房，一直到 1946 年复员离昆。吴先生的房间很小，摆了一张床和一张书桌后就没有多少空间了。吴先生室内贴着他自己写的布告："来客请勿吸烟"。我遵守他的规定，自己不在室内抽烟，也请来访者勿吸。吴先生室内还贴着他的朋友贺他 50 岁生日的贺诗，为萧公权、浦江清、林文铮等先生亲自书写。诗句和书法都十分精美。

吴先生小房楼下住着沈有鼎先生。沈先生当时对昆曲和希腊文着迷。有时他凌晨两点钟吹笛子或念希腊文，我在楼上听得很清楚。幸亏我当时神经不衰弱，不怕他吵，照常入睡。正是他的勤奋榜样激励我后来也学会了希腊文。

1945 年，由于吴宓先生留蓉未归，外文系系主任让我独立讲授“英国文学史”课（代替“欧洲文学史”）。我在备课中遇到难题时，常向陈嘉先生请教。比如，我曾问他为什么莎士比亚同时代剧作家本·琼生（Ben Jonson）的姓，有时也拼写成 Johnson？他回答说英国的拼写一直到 18 世纪中叶塞缪尔·约翰逊的《英语词典》出版后才规范化。陈嘉先生是杭州人，清华旧制毕业留美。他本科就读威斯康星大学，是哈佛大学硕士、耶鲁大学博士。他研究英国文学造诣很深。回国后，他先在浙江大学教书，后在昆明西南联大任教，讲授“莎士比亚”。他对戏剧创作很感兴趣，曾用英文写一些抗战期间的趣事，用打字机打出来，请同事们品评。

庄前鼎先生和夫人每年春节前夕（农历除夕）都要邀请住在北门街 71 号的单身和家眷不在昆明的教授到他们房里吃年夜饭。我也有幸参加过两次这样的盛会。

1945 年春，陈寅恪先生由燕京大学历史系助教刘适

（即石泉，后任武汉大学教授）护送，从成都飞抵昆明，转往印度乘船去英国医治眼疾。陈先生在昆停留数日，即下榻于北门街 71 号正厅西侧一间客房里。当时陈先生的双目已几乎完全失明，但精神仍佳。每日来看望他的人很多，大多是北京大学和清华大学文科研究所的人员，对陈先生的健康都极为关怀。陈先生听说话人的声音往往能辨认出来访者是谁。

上面都是五十多年前的人和事。我在此记录了抗日战争期间他们在联大教书和在昆明生活的侧影，有助于后人了解中国知识分子如何在艰苦条件下仍保持勤奋、严谨的敬业精神。

三位先生

在这里，我想补记我所认识的几位先生。

闻一多先生是清华学堂留美学生，入芝加哥大学艺术史系。他在留美期间到美术馆观摩了许多世界名画，结识了芝加哥大学罗曼语系学生罗伯特·温德。闻先生是“五四”以来重要新诗人之一，对英诗韵律很感兴趣，想要借鉴来创作我国的新诗。我上清华大学一年级时，曾旁听闻先生为中文系学生讲授的“唐诗”。他常用英语的某些术语来形容某些诗句，如 passionate（热情），delicate（精致），glorious（壮丽），romantic（浪漫）等。他和吴宓先生都主张中文系和外文系学生要对中西方文学都有些研究，相互借鉴，可以开阔视野，取得更好的研究成果。在昆明时，我和他有过几次来往。有一次，我们在图书馆阅新生试卷。闻先生拿反内战的宣言请大家签名，我签了名，表示了我的政治立场。

朱自清先生是扬州人，北京大学哲学系毕业。毕业后，他来到清华学堂教国文。我读过他写的文章，关于如何与教务长张彭春先生见面，讨论工作，写得十分生动。[1]我在南开中学时已读过朱先生写的散文，对先生清新的文体非常喜欢。在清华读书时，有一次我乘校车进城买书，买了一本朱先生写的《你我》和凌叔华女士写的小说。在返校车上遇见先生，一起谈过话。到了昆明西南联大，1942 年，我搬到北门街 71 号清华大学单身宿舍，日夕和先生见面，有了一些交往。先生知道我爱好英国文学，曾问我西方有什么小说理论。我回答说有一种理论是小

1 即朱自清的《初到清华记》，原载《清华周刊》副刊 1936 年第 44 卷第 3 期。

说必须描写感情的复杂性（emotional complexity），先生很感兴趣，劝我多写文章介绍西方文学理论。

1935年，我上清华大一时，分在大一国文B组，由朱自清先生讲授读本。朱先生和我有师生之谊。1946年3月24日《云南日报》发表了我为该报写的星期论文《口味和标准》。我的文章过分强调高雅，贬低普及和大众化。朱先生不同意我的观点，曾委婉地给我以批评。这是老师对学生的真正爱护。

我上清华和西南联大期间常去拜访的一位父辈，是政治系教授张奚若先生和他的夫人杨景仁女士。奚若先生和吴宓先生在宏道书院是同班同学，当时的英语教师是日本人，不称职，被学生轰走。奚若先生自告奋勇，年20岁出潼关，到上海去请教员。到了上海，他想自己先把英语学会，于是上了中国公学[1]。当时胡适先生尚未出国，在中国公学教英语，所以奚若先生说适之比他小一岁，却是他的老师。后来胡适、徐志摩、金岳霖、张奚若都在美国纽约哥伦比亚大学留学，成为好朋友。他

1 中国公学，1906年4月在上海创办。1906年2月，因大批留日学生返抵上海，没有着落，留学生中的姚洪业、孙镜清等各方奔走，募集经费，在上海北四川路横浜桥租民房为校舍，筹办中国公学。

们回国后，对我国的文化教育事业做出了很大的贡献。

我初见奚若先生，是在1935年北平国会街清华大学考场上，他负责监考。我见了吴宓先生之后决定转入外文系学习。我父亲主张我学理工科，奚若先生也曾劝我上政治系，但我决心已定，他们也只好任我去发展。当时奚若先生每周到清华上课两天，住在工字厅一间单身宿舍，我时常去拜访他，他喜欢在谈话中夹杂英语。我从他那里学到不少英语。例如，他谈到"慢性病"，就随口说出"chronic disease"。有一次他谈到一本新出版的英文政治理论书，不赞成作者的观点，随口说出："I don't follow him."他的习惯是每日下午4时喝午茶，和家人或客人谈天。即便是在昆明西南联大时期，生活艰苦，仍保持这个习惯。

据我了解，张先生从美国留学回国后，曾在蔡元培先生主持的大学院（相当于"高教部"）工作，他曾谈到蔡先生待人彬彬有礼。张先生后来又到欧洲去留学，在巴黎住的时间最长。他爱吃法国月牙形面包，曾告诉我法语叫"croissant"，我也就记住了这个法语词。在这期间，张先生到爱丁堡大学探望他的未婚妻杨景仁女士。当时英国社会风气仍很保守。女生管理员坚持他们成婚才能来往，因此他们在爱丁堡举行了结婚仪式。

张先生后来到清华大学政治系教书，讲授“西方政治思想史”。他赞成英美的议会政治，主张自由、平等，反对专制、独裁。在西南联大期间，他目睹国民党政府贪污、腐败，民不聊生。国民党请他去重庆参加“参政会”，他进一步认识到国民党政府的腐朽。他不顾特务横行，在西南联大图书馆前草地上发表攻击蒋介石的演说，至今为人称颂。

我这一生能考取清华大学是十分幸运的。清华从1930年代中期开始，已成为国内第一流的学校，超过许多美国的大学。抗日战争期间，北大、清华、南开联合成立国立西南联合大学。我有幸在这所学校先当学生，后当教师共达八年之久。这里有做学问的样板和改造自然与社会的楷模，对我的成长极为有利。许多人都称赞西南联大培养了杰出人才，事实的确如此。

在物质条件贫乏的情况下，师生们能够坚持教学和科研，持续不断地出成果，这是非常难能可贵的。我开始教书时和黄昆同一宿舍。他小我两岁，浙江湖州人，北平生长。抗战初期，他在北平读燕京大学物理系，毕业后来到昆明，任西南联大物理系助教。他非常勤奋，改学生的物理习题非常用心，不断查书，给我留下了很深的印象。后来杨振宁上清华研究生，常来我们宿舍与黄昆讨论物理问题。这种讨论是十分有益的。

回想我在蒙自上三年级下学期时，曾与同班同学王佐良、许国璋、李博高，以及十级政治系同学方钜城学长等人组织“湖畔绅士”英语演说和辩论会，对于促进学业、培养和锻炼思考和解决问题的能力有很大的好处。后来在昆明，我们已当了青年教师，历史系九级丁则良学长和王佐良发起研究学问和讨论问题的学会，请潘光旦先生取名为“十一学会”。潘先生解释道：“推十合一谓之士。”我们知识分子有能力对事物做出规律性的评论。后来我到美国留学，以及后来访问耶鲁和康奈尔大学，师生在饭桌上和散步时往往讨论学术问题。这种风气在抗日战争时期的西南联大已很盛行，希望今日我国高校能继续提倡发扬。

黄昆对英语也感兴趣。他看我给学生改英文作文，让我给他一份试改一下。他改了两个小时，十分认真，满头大汗，说比改物理习题难多了。黄昆后来考取庚款留英，到英国曼彻斯特大学研究半导体物理。学成归国后，到北京大学物理系任教授。他的贡献很大，我对他十分敬佩。他娶了一位英国夫人，是他在曼大的实验员。她和黄昆感情十分和谐，对黄昆的成就有很大的帮助。

西南联大的学术空气很浓厚，时常组织讲座，请各学科的专家讲演，去听讲的师生很踊跃。我记得吴宓先生曾讲过晚清章回体小说，邵循正先生讲元朝的中国社会结构，曾昭抡先生讲苏联的改革，雷海宗先生讲地缘政治，等等。各方面的观点自由讨论，师生的头脑十分活跃，这在当时国民党统治下是很不容易的。

西南联大有两大传统：学术传统和革命传统。二者结合起来对推动中国的进步起了一定的作用。当年西南联大培养了各方面的杰出人才。中国需要革命，也需要建设，西南联大在两方面都做出了很大的贡献。我有幸能在西南联大学习和教书，对我的人生观起了决定性的作用。

第七章

远赴耶鲁

1946年美国国务院设立奖学金，供中国学生赴美国读研究生。清华分到两个名额，我报名应试，和王浩同时考取。王浩比我小四岁，山东人，西南联大数学系毕业，金岳霖先生指导他学数理逻辑，但因金先生出国讲学，主要由王宪钧先生指导。我去耶鲁研究院学英国文学，希望学成回国后在清华外文系教书，为办好外文系出力。

吴达元先生虽然为我放弃研究法国文学感到遗憾，但也为我有机会出国深造感到高兴。当时我不知道该上哪所大学为好，就去请教温德教授。他问我想去哪所学校，我就随口说了欧柏林学院（Oberlin College）。温德教授说选择学校应选国际性的大学，如哈佛大学、芝加哥大学等，在这样的学校你会遇到世界各国的留学生，在名师的指导下相互切磋，对促进学业、开阔眼界有很大的好处，而欧柏林不过是一所小大学，以培养本科生为目标，绝不适宜去那里。离昆明前，我把吴宓先生的衣物和书籍交代给他女儿吴学淑运回北平。当时吴先生仍在成都燕京大学教书。我渴望与吴先生见面，请教如何研究英国文学，便和王浩到成都，拜见了吴先生。吴先生把我们安顿在陕西街华美女中燕京宿舍。我去文庙前街探望我的远房姑姑李凤瑞老师，不期遇到我未来的终身伴侣徐述华。

我去美国后，亏得负责管理留学生的 China Institute 分配我去耶鲁大学，我才能懂得如何做研究。我佩服和我同时考取的王浩，他虽被分配到布朗大学，但他坚决要转学哈佛。他说他在布朗上了几周课，看见图书馆里学生很少，而球场上人却很多。由于任华先生（清华第七级哲学系毕业，时在哈佛读博士）的帮助，终于转学成功。王浩在两年之后就拿到博士学位，导师名叫蒯因，是国际知名的数理逻辑专家。王浩取得学位后，曾在普林斯顿大学爱因斯坦研究所和牛津大学做研究，成绩突出。哈佛大学聘他教书。他一方面研究理论，一方面注意实用。他的研究成果促成了计算机的发明。王浩的例子说明选择学校的重要性，但个人的努力争取更为关键。

我国的教育制度开始向西方学习是在清朝末年。我伯父和我父亲在京师大学堂学习。伯父学文科，必修法语。我父学理工科，必修德语。德国教授上课直接说德语。

我父去德国留学前已打好了德语基础。后来清政府也派送留学生到英国、美国以及东邻日本学习。我国医学界有所谓德日派与英美派之分，根源即在此。我到美国留学后，了解到美国大学的老教授20世纪初期学理工科的多是留学德国，而学文科的多是留学英国或法国，例如我的导师罗伯特·迈纳曾留学法国，会古法语。但他也要学古英语，而19世纪研究古英语的学者多在德国大学执教。因此他既留学法国，又留学德国。第二次世界大战期间，许多欧洲学者避难到美国，在大学里任教。

我到美国耶鲁大学留学，希望学成回国尽自己一份力量，把清华大学外文系办成既重教学又重科研的系，与中国文学系看齐。清华外文系原有的中外教师早年留学英美和欧洲，对西方大学外文系相当了解。我的任务是学习美国大学英文系教学与科研的要求和方法，争取回国后帮助提高清华外文系的学术水平。

就读研究生院

我于1946年9月初自上海乘船赴美国留学。自旧金山坐火车赴纽黑文耶鲁大学入研究生院英文系。

当我向耶鲁研究生院院长辛普森教授报到时，他拿出三种外语考试的试题样本：法语、德语和拉丁文，告诉我入学一个月内必须通过这三种外语的考试才能正式选课，进行研究。我在国内研究法国文学，法语考试不成问题。在国内曾学过一点德语，但未能达到要求。拉丁文则从未学过，必须从头学起。我在清华和西南联大就读和教书期间，打下了比较好的英文和法文基础。到耶鲁大学读英语研究生时，研究生导师罗伯特·迈纳考学生法译英，选的一段法文是谈18世纪英国文学缺少抒情诗的现象。据迈纳先生说，我的译文是耶鲁英文系研究生入学成绩最好的一份。迈纳先生还向美国华盛顿国务院外国留学生奖学金处报告我的好成绩。清华大学理学院院长兼物理系主任吴有训先生访美，看到了我的成绩，告知了时在耶鲁研究生院教中国语文的北大中文系主任罗常培先生。

研究生可选四门课，因我要补习德语和学习拉丁文，因此只能选两门：一门是英语研究生共同必修的“古英语”，另一门为选修课“莎士比亚的先驱和同时代的剧作家”。

我和本科一年级学生一同学习拉丁文。我当时已29

岁，和年轻的孩子们同班上课，但未受到歧视。授课教师 Mr. Woolsey 每周一至周五中午 11 至 12 时上课。每课必小测验，进度很快。由于我的语言基础好，学习成绩突出，常受到他的称赞。我学拉丁文，感到趣味无穷。犹记正午 12 点，哈克尼斯塔（Harkness Tower）上的大钟敲响，我从教室出来，非常愉快地走进食堂。

我后悔没有在国内学好德语。给研究生补习德语的教师只让学生把德文译成英文，我觉得对于德文的结构和用法仍不清楚，因此在暑期选了一门大二德语。教师是哥伦比亚大学的研究生。每周一至周五，上午 8 至 9 时、11 至 12 时上德语课，进度很快，做笔头练习，读文学作品。我又和一些本科年轻同学一起学习。由于我勤奋努力，结业考试成绩为 95 分。我在耶鲁期间，法语、德语和拉丁文都读得很地道，受到导师的称赞，但在研究生德语考试时，迈纳先生告诉我："Your German is still wabbling, but your Latin has passed."（你的德语还是不稳定，不过你的拉丁文及格了。）

"古英语"是博士生必修课程，由迈纳先生讲授，他在耶鲁读本科时学的是德语，毕业后去德国和法国深造，对古英语、古法语、哥特语、冰岛语等日耳曼语系语言都有研究，所以他既讲“古英语”，同时也讲“印欧语系语言学”。我学这个课程，实际上是从最早的时期开始学习英语的根源和发展。

我在耶鲁第一年时，除了“古英语”课外，还选修了“16、17世纪英国戏剧”。原本教这门课的教授在暑期突然病故，耶鲁英文系不得不求援于兄弟院校哥伦比亚大学英文系主任坎贝尔（O. J. Campbell）先生。他每周从纽约赶来纽黑文兼课，住一晚，教两门课，除上述戏剧课外，还教“莎士比亚”。当时坎贝尔先生已六十多岁，每周乘火车来回，颇为劳累。先生要求研究生每周阅读四部戏剧，并选一个题目，写一篇课程论文，在课上做报告。我在国内已养成快速阅读现代英文的习惯，现在开始练习快速阅读16、17世纪英文。由于剧本内容十分有趣，所以不自觉地一目十行。这种训练对日后阅读早期现代英文大有帮助。我选的课程论文题目是“Anthony Munday's Influence on Shakespeare”（论安东尼·芒迪对莎士比亚的影响）。一开始当着老师和同学的面读文章时，我不免有些紧张，逐渐也就习惯了。我趁感恩节一周假期阅读了大量的参考书，逐渐学会了写作学术论文的英文文体。期中考试居然名列前茅，受到坎贝尔教授的称赞。

坎贝尔教授是哈佛大学博士，曾去英国和欧洲留学，他的著作集中在16、17世纪英国讽刺戏剧方面。他待我和蔼可亲，我和吴志谦学长曾邀请他吃中国饭，他愉快地答应，但是他不吃猪肉。我们在饭桌上谈得很高兴，他说我们到纽约来看话剧，可以请他同去观看。他对学生如此热情，真是令人感动。他不喜欢英国读音，在读莎士比亚罗马历史剧《安东尼和克莉奥佩特拉》(*Anthony and Cleopatra*)时，他坚持读Cleopatra为[kliə'peɪtrɑ]，不喜听人读[kliə'pɑːtrə]，这给我留下深刻印象。在学期结束时，我的考试成绩在班里名列前茅。“古英语”也考了90多分，耶鲁研究生院给了我一笔斯特林奖学金（Junior Sterling Fellowship）。

我在耶鲁研究生院第二年所选的课程有：1.“古英语和中古英语方言”，由迈纳教授讲授，用的是德国古英语专家Bülbring编选的教材；2.“华兹华斯时代”，由卜德尔教授讲授；3.“乔叟”，由瑞典教授海尔格·科克里茨讲授；4.“早期现代英语史”，也由科克里茨教授讲授。

迈纳先生每周布置大量的笔头作业，由学生自己查书解决问题。他在课堂上评论学生的作业，主要指导研究方法、检查进度。据说这门课是耶鲁文科研究生最繁重的课程之一。我日以继夜地钻研这门课程，真是达到了废寝忘食的程度。我选这些早期英语课程，目的是想在英语领域里，模仿古汉语的文字学和音韵学以及考证古老文献的方法，以便将来回国后帮助把清华外文系办成一个具有国际水平的外文系。因此我不畏艰苦，奋力钻研英文的古老典籍。迈纳先生指导我写论文，比较古英语东南部肯特（Kent）方言和西日耳曼另一支弗里西语（Frisian）之间的亲属关系。科克里茨先生指导我写出证明早期现代英语南部方言读音问题的论文。在“乔叟”课上，他指导我写出“乔叟诗中的形容词”（The Adjectives in Chaucer）和“乔叟与高尔[1]的比较”（A Comparison Between Chaucer and Gower）。有一次我在饭厅用饭，同座有位美国朋友问我学什么课，我说学乔叟，他不以为然，说你们外国人首先要学会现代实用英语，学中古英语的文学作品没有什么用处。后来，他偶然了解到我写的乔叟论文受到老师和同学的好评，

---

1 指约翰·高尔（John Gower, c. 1330–1408），与兰格伦和乔叟同时代的英国诗人。作品内容主要是道德伦理上的讽喻说教。其中有法文诗《沉思者之镜》、拉丁文诗《呼号者的声音》、英文诗《一个情人的忏悔》。

或许改变了看法。我认为学术研究是国际性的。既然德国人、法国人、丹麦人、瑞典人、荷兰人、日本人、印度人等都能为英国语言和文学研究做出贡献，那么中国人岂能落后？

耶鲁大学英文系当时仍很保守。英国文学只讲到19世纪末，还没有开任何20世纪文学的课程。另外，只开了一门“美国文学”。我想选修这门课，但导师迈纳先生劝我不要选，而应选卜德尔先生讲授的“华兹华斯时代”。他的理由是：“卜德尔先生在大学本科学的是化学，因此他的研究方法最科学、最准确可靠。”我听了先生的劝告。卜德尔先生的教学法是第一个月讲解整个课程内容，让每个研究生认领一个题目，做好准备，写出课程论文，向教师和同学报告，并接受大家评论。我选了拜伦的讽刺长诗《唐璜》作论文题目，查了许多参考书和前人发表的论文，学会了从多角度来分析这部作品：作者的世界观和人生观、欧洲社会的背景、作者的进步政治思想、作品的讽刺技巧（包括诗行的讽刺韵脚，例如，Plato与Polato相互押韵）等。从此，我认识到一部优秀作品的内涵十分丰富、复杂，必须从思想内容和语言技巧两方面进行细致的分析，千万不要简单化。卜德尔先生还让每个研究生每次上课都准备一个小报告，由他抽查。因此上他的课是相当紧张的。我做的《唐璜》报告和另一个小报告受到了他的称赞。记得小报告的内容是，雪莱是抒情诗人，但有一首诗却是模仿拜伦的讽刺风格，效果也很好，是一篇很好的政治讽刺诗。此外，卜德尔先生对读音很重视，随时纠正研究生的读音。例如，吴志谦学长读卜德尔讲授的“18 世纪英国文学”，讲到菲尔丁的小说《汤姆·琼斯》，女主角名为 Sophia，志谦读为 ['soufɪə]，我记得钱锺书先生读作 [sə'faɪə]，果然卜德尔先生也是这样读的。

科克里茨教授是语言学家，并不擅长文学研究。由于另一位教授去世，暂请他教“乔叟”。科克里茨教授对乔叟的语言感兴趣，我选了“乔叟诗中的形容词”作课程论文，参考了许多篇前人发表的论文（包括德文和法文），这篇课程论文也受到他的称赞。第二学期我选的论文题目是“乔叟与高尔的比较”，比较这两位同时代诗人的不同写作特点。这也是我研究中世纪英国文学的一点成绩。

英文系要求研究生能阅读德文、法文和拉丁文。卜德尔先生让研究生翻译一本法文论 19 世纪英国浪漫主义的书和一份拉丁文的参考资料。这些作业对我也都是很好的练习。科克里茨教授对我的帮助主要是在英语史方面。他毕业于瑞典乌普萨拉大学，主要研究英国南部方言。但他毕生最主要的著作是莎士比亚的读音。我回国时，他这部著作尚未完成。

我在耶鲁研究生院英文系读了一年，才发现耶鲁法文系实力特强，很想转入法文系，重新研究法国文学。但毕竟我的法文根基有限，最后决定仍学英语。

在 1947 至 1948 这一年中，我生活得十分充实愉快，每日下午 5 至 6 时到体育馆锻炼身体，体质较以前要壮实一些。每周六夜晚我必定要给未婚妻述华写一封情书，表达我的思慕之情和一周的见闻，从未间断。每日下午我都要去邮局 Yale Station 的信箱，渴望收到述华的来信。我的生活还是劳逸结合的，看了英国、法国、意大利和美国高质量的电影，使我在多方面受益。我印象最深的一部电影是英国演员詹姆斯·梅森主演的《虎胆忠魂》（*Odd Man Out*）。

1948 年夏，我获得耶鲁大学英国语言文学硕士学位。因奖学金到期，我做好回国准备，打算回清华教书，此时忽接到洛氏基金会通知，说由于温德先生的推荐，聘我为该基金会人文科学研究部研究员，月薪 175

耶鲁留影

元美金，可继续在耶鲁攻读博士学位。我退了船票，去Hartford移民局办了延长签证的手续。我忽然想去哈佛，便请王浩带我去见哈佛英文系研究生指导西奥多·斯宾塞（Theodore Spencer）教授（他也是莎士比亚专家），看看能否转学。后来了解到哈佛研究生人数多，都是上大课，不比耶鲁，研究生人数少，可以得到教授的个别指导，因此决心仍继续在耶鲁研究。

攻读博士

1948年秋季开学，我选了普劳蒂教授的“莎士比亚”课、科克里茨教授的“早期现代英语”和迈纳教授的“中世纪英国文学”。我把研究方向定在“中世纪英国语言文学”，兼及“文艺复兴时期英国文学”和“早期英语史”。选普劳蒂教授的“莎士比亚”课时，我精心写了一篇课程论文：As You Like It（《皆大欢喜》）。我阅读了大量的参考书和前人发表的论文，从各个方面评论这部作品的社会意义和艺术价值，以及和欧洲其他国家的关系。这篇论文受到普劳蒂教授的认可。我回国后，又从历史唯物主义观点再度研究此剧，发表在《北大学报》（人文科学版）。王浩在美国看到这篇文章，来信说他对此文颇感兴趣。

我选了迈纳教授的“中世纪英国文学”课，写了一篇瓦尔特·迈普（Walter Map）用中世纪拉丁文写的讽刺散文作品。我的参考书单迈纳先生要我复写一份，供他保留。

1949年，迈纳先生给我定下博士论文题目：哈尔利2253手稿里的政治抒情诗（“Political Poems in MS Harley 2253”[1]）。根据大英博物馆所藏有关诗篇的手抄本复印件，令我把这些诗篇编辑成书，并加注释，写出评论文章。他答应做我的博士论文导师，但不巧他决定休假一年，专门研究古英语诗歌的词汇，因此请塔尔博特·唐纳森（Talbot Donaldson）副教授暂时代替他一年。唐纳森专门研究乔叟，也曾获得洛氏基金会研究员的资助。他让我写论文提纲，对我的英文写作要求十分严格。

我在耶鲁最后一年曾旁听本科生必修的“大一英

---

1 哈尔利2253手稿为大英图书馆所藏手稿，是英国中世纪时期留存下来的最重要文学典籍之一。作者研究的是该手稿中的政治诗歌。

文”课，这是全体一年级学生共同必修的课，相当于我国大学的“大一国文”课。耶鲁这门课的教材是几部莎士比亚的戏剧。教师并不逐字讲解课文，而是对剧中情节和人物加以评论，同时要求学生每周写一篇作文，报告自己的学习心得。我很欣赏这种教学法，因为无论什么专业都要学会表达自己的学习和研究心得，为将来的研究打好基础。回想我上“大一国文”时，朱自清先生让学生读文言文的白文，学习如何断句，如何加上标点符号。不足之处是助教改作文，没有结合读本的内容。

我旁听过英文系本科生的“莎士比亚”课，这门课由莎士比亚专家梅纳德·麦克（Maynard Mack）先生讲授。耶鲁的传统是由资深教授教本科生，为学生打下好的基础。这门课十分精彩。麦克先生讲《哈姆雷特》和《李尔王》给我留下很深的印象。

我还旁听了捷克教授勒内·韦勒克（René Welleck）的“文学学（Literary Scholarship）”课，指导学生如何研究文学。他毕业于布拉格的著名大学查理大学（Charles University）英文系，非常博学，通晓东西欧各国语言。他教给研究生如何查阅参考书和工具书，借鉴历代学者研究文学的方法和路径：从古希腊亚里士多德的《诗学》开始，历代都有哪些文艺理论；如何评价前人的理论，加以补充，提出自己的创新理论。韦勒克在这门课的基础上写了一本《文学理论》（*Theory of Literature*），全面总结了西方的文学理论和文学研究的方法，在 50 年代的美国学术界风行一时。韦勒克对俄国文学也有研究。他为本科生开设“19 世纪俄国小说”，并曾译果戈理的《死魂灵》为英文。韦勒克说英语仍有捷克口音，但他的英文写作却十分明晰流畅。我曾请教他如何练习英文写作。他说他曾在普林斯顿大学进修，下过大功夫写好英文。我听人说托尔斯泰写《战争与和平》，曾修改八次才定稿，俄文是他的母语，尚且需要如此下功夫，何况要写好一门外文。

第二次世界大战期间，巴黎沦陷，巴黎大学法文系名教授昂利·拜尔（Henri Peyre）带了几位教授和研究生来到耶鲁大学，任耶鲁法文系主任。我曾旁听他为本科生开的法国文学课。为了训练本科生的法语听力，他用英、法两种语言穿插讲授，转换极为自然，使我十分佩服。法文系学生曾演法文剧，我也去旁听过。英文、法文两系的研究生有一次在食堂同用午餐，英文系研究

勒内·韦勒克
（1903—1995）

卜德尔先生
（1898—1987）

生 Weingrow 偶然问起法文常用的一句话“nous avons changé tout cela”（我们已改变了这一切）的出处，在座无人知道。我记得这句话出自莫里哀喜剧《屈打成医》（*Le médecin malgré lui*）：一个冒充的医生把心脏的位置弄错了，强辩说“这也是医学上的革新，我们已改变了这一切”。法文系同学惊讶于一个英文系的中国留学生居然胜过他们在座的同学，对我这位中国同学刮目相看，殊不知我在清华读研究生时写的论文恰好是关于莫里哀的喜剧。从这件事来看，在国内打好了基础，再加上五年的教学经验然后去国外第一流大学深造，恐怕是一个好的途径。

我和当时在英国牛津大学留学的王佐良和许国璋学长，以及在美国芝加哥大学留学的周珏良学长通信相约，将来学成回到清华外文系教书。我教中世纪，佐良教文艺复兴和莎士比亚，国璋教 18 世纪，珏良教 19 世纪（以诗歌为主）。这时杨周翰学长也在牛津留学，夫人王还学长在剑桥教中文。适逢吴达元先生休假，来美访学、游历。我向吴先生谈到我们将来企图办好清华外文系的设想，并建议清华聘请周翰来校教书，他很赞成，并答应向清华当局推荐。达元先生、李方桂先生曾带我去哈佛拜访赵元任先生和夫人杨步伟女士。赵先生温文尔雅，和蔼可亲，与我谈英国读音和美国读音的区别，以 laboratory 为例，我至今记忆犹新。

耶鲁的师长学友

1946 至 1948 年，罗常培先生在耶鲁大学研究生院讲授古汉语，很受学生欢迎。我和他在异国相逢，倍觉亲切。罗先生告诉我，当年他从北京大学中文系毕业后，做了一年的国会演说记录员，随后受聘于西北大学中文系，任教授。当时我父亲李仪祉任西北大学校长，因此他和先父是同事。我在西南联大任教时，就很仰慕罗先生，他是西南联大中文系主任，著名的语言学家，最受称赞的学术著作是《唐五代西北方音》。他在耶鲁期间，旁听梵文教授埃哲顿（Egerton）的梵文课，写出了一篇题为“汉语中的梵文借字”的论文。他的研究精神鼓舞了我，我常向他请教研究方法问题。当他得知我在学习古英语，而且学习成绩不错时，热情地给我称赞和鼓励，说将来回到清华可以把这门学问介绍到国内来。我出国前就有这个愿望，经他的鼓励，决心一定要学好。他受北京大学委托，代表北大参加美国普林斯顿大学两百周年校庆，写了一篇英语贺词让我润色，我非常愉快地接受了这个任务。

另一位令我敬仰的学者是丁声树先生，他也是北大中文系毕业。丁先生是“中央研究院”历史语言研究所研究员，当时也在耶鲁大学做研究，旁听新的语言学理论、梵文、希腊文课程。他为人很谦虚，十分博学。我在他房间看到一本《简明牛津词典》（*Concise Oxford Dictionary*），页边上写满了密密麻麻的蝇头小楷，真令我吃惊。他是研究中国语言学的，对英语居然下了这么深的功夫！我常去请教他一些问题，他总是能给我以满意的答复。

“中研院”历史语言研究所所长傅斯年先生来耶鲁访问。他是山东人，北大历史系毕业，德国留学，非常博学。他说美洲印第安人和中国汉族同源。有一部分汉族渡过白令海峡，到了美洲就成为印第安人的祖先。耶鲁有些学者慕傅先生之名，也来拜访，与他谈论一些学术问题。傅先生多才多艺，他会烤火鸡。适逢圣诞假期，他邀请罗常培先生和一些中国留学生与他共享美餐，这是我第一次尝到美国圣诞节的烤火鸡。

傅先生介绍孔子的后代孔德成来耶鲁学习。我1935年春参加南开大学春假旅行团到曲阜孔庙、孔林去游览时，曾见过孔德成。那时他16岁，出来给大家表演写大字。来耶鲁时已30多岁了，比我小一岁。此公在研究院食堂用餐，同桌美国同学问他学什么专业，他回答说“English”，但他不能用英语交谈，美国同学颇感诧异。

张琨学长是清华中文系第十级毕业生，也在“中央研究院”历史语言研究所工作，任李方桂先生和王力先生的助手。他来耶鲁研究生院学习西方现代语言学和梵文，我和他也常有来往。

罗常培先生回国后，李方桂先生接替他来耶鲁研究生院讲授古汉语和中国古典文学。他早年在美国密歇根大学跟现代语言学家萨丕尔（Edward Sapir）学习语言学理论和方言调查的科学方法，用国际音标记录印第安人的语言。回国后任历史语言研究所研究员，主要调查我国云南与泰国交界处少数民族的语言，成果丰硕。

张琨学长周末常邀方桂先生和我去他家玩，包饺子，打桥牌。他的夫人徐樱女士善唱昆曲，方桂先生吹笛伴奏，也能唱《天淡云闲》等名曲。打桥牌时，我有时也趁机请教方桂先生一些印欧语系语言学问题。抗战期间他在成都燕京大学教书，和我未来的岳父徐思平先生有来往。方桂先生后来在密歇根大学教书。由于他对泰语研究的卓越贡献，泰国政府给他很高的荣誉。

我在耶鲁时期曾遇见老舍先生。他和罗常培先生同是满族，也是好朋友。我爱读老舍的《二马》《赵子曰》，以及后来的《骆驼祥子》《四世同堂》等作品。在美能遇见他，我感到十分高兴。

我久仰慕的建筑学家梁思成先生，当时受耶鲁之聘来讲中国建筑，并参加纽约长岛联合国总部的设计。清华建筑系是后成立的，因此我在清华园里未见过梁先生，只听说他和金岳霖先生、张奚若先生是好朋友，常邀请他们在家里聚会。他的夫人林徽因女士也是建筑学家，同时英国文学修养很深，能讲极为高雅的英语，而且是一位优秀的剧作家。她在家中每周定期开沙龙，文人雅士前往集会，在北京一时传为佳话。梁先生背部曾受伤，穿着铁背心，但他仍精神抖擞，每周开着 baby austin 小汽车从纽黑文去往纽约的联合国总部办公，不辞辛劳，令人敬佩。我有幸能在耶鲁一睹梁先生风采，感到非常高兴。当罗常培先生开玩笑说等我学成归国时要聘我去北大外文系任教，梁先生也开玩笑说他要向清华外文系发出警报。1950 年我回到清华园，看到梁先生夫妇，心中说不出地高兴。

柳无忌先生是柳亚子先生的长子，苏州人，原南开大学英文系系主任，当时也在纽黑文住，计划利用耶鲁斯特林纪念图书馆（Sterling Memorial Library）的藏书，写作两本书，一本是《孔子传》（*Life of Confucius*），另一本是《中国文学简史》（*A Short History of Chinese Literature*）。李田意学长周末常带我去柳先生家做客。柳先生毕业于清华学堂，赴美留学，23 岁获耶鲁大学英国文学博士学位，博士论文写雪莱。我在南开大学和西南联大时都听过柳先生的课。柳先生夫妇很好客，女儿9岁，十分可爱。她会打网球，善游泳，且能玩桥牌。柳先生家中常有国内的消息，因为清华大学数学系教授郑桐荪先生是柳先生的舅父，常有信来报告国内和清华园中的消息。

李田意学长就读于耶鲁历史系，研究“威尔逊总统的中国政策”（President Wilson's China Policy），每周自己开车去华盛顿国家图书馆查阅资料，为写博士论文做准备。他和我是昆明西南联大外文系的同事。我上南开大学时，他已是外文系三年级学生。他的毕业论文由系主任柳无忌先生指导，后来译成中文，标题是《哈代评传》，由商务印书馆出版。他在耶鲁改学历史，可能认为历史更切合实际。田意学长是河南洛阳人，善交际，中英文俱佳。冯玉祥将军来耶鲁演讲，他任翻译。冯友兰先生来美国费城宾州大学与哲学系一位美国教授共同翻译他的《中国哲学史》为英文，后来耶鲁访问，田意兄和我合请冯先生吃饭。晚间他请冯先生在他宿舍休息，我和他同听冯先生的议论。冯先生说他研究哲学，根据唯物史观，不赞成唯心论。

田意兄获得博士学位后，在女校史密斯学院教历史。随后又回耶鲁东亚系教中国文学，研究中国小说。后来耶鲁请到德国汉学家傅汉斯（Hans Frankel）接替他的位置。田意兄一怒之下去俄亥俄州立大学教书。退休后他去台湾教书，也曾回大陆讲学。

田意学长曾带我去纽约拜访何廉先生。何先生是耶鲁经济学博士，南开大学经济系主任。我上南开大二时，开学初曾上过他教的“经济学概论”。当时他在哥伦比亚大学任客座教授，他家客厅挂着一幅何绍基的书法精品，上书苏东坡的词：“半夜归来吹酒醒，家僮鼻息已雷鸣，敲门都不应，倚杖听涛声。”我很欣赏。回想

1935年春我游济南大明湖时，在湖中亭上有一副何绍基写的对联："历下此亭古，济南名士多。"我猜想何绍基是何廉先生一位清朝的祖先，都是湖南人。当田意兄介绍我是李仪祉先生的儿子时，何廉先生回忆他任国民党政府行政院秘书长时，曾和先父联系派他出国考察水利一事。后因抗日战争爆发，未能成行。

何廉先生本科毕业于洛杉矶的波莫纳学院（Pomona College），与陈逵先生（也是湖南人）同学。何先生学经济，陈先生学英国文学。说起波莫纳学院和中国的关系密切，当年张彭春先生陪梅兰芳在美国演出，大获成功，后来波莫纳学院还授予梅兰芳名誉博士学位。

南行访学

洛氏基金会给我一笔在美访学的费用，迈纳先生给我写了几封介绍信，于是我在圣诞节前两周开始游历，访问几个名牌大学的名教授。从纽黑文乘火车，先到普林斯顿大学城，住在Princeton Inn。该饭店属于欧洲风格，免费供早餐。我拜访了普林斯顿研究中世纪英国文学的两位教授罗伯逊（D. W. Robertson，Jr.）和胡培

（Bernard F. Huppé），向他们请教。顺便又拜访并旁听了新批评学派科林斯·布鲁克（Cleanth Brooke）教授和布莱克默（R. P. Blackmur）教授的课，后者颇似朱自清教授。

从普林斯顿乘火车到了巴尔的摩，下榻于高级旅馆Belvedere Hotel。我去约翰斯·霍普金斯大学，拜访了古英语专家坎普·马隆（Kemp Malone）教授，向他请教如何讲授古英语。他赠我他写的一篇论《贝奥武夫》的论文。我借此机会参观了著名的巴尔的摩现代艺术博物馆（Baltimore Museum of Modern Art），第一次看到法国印象主义画派大师的油画，领略到塞尚、高更、德加、雷诺阿等的不同风格，充分体验了美的享受。我觉得雷诺阿的色彩与我国清代恽南田花卉画的色彩类似，可见中西艺术各有千秋，但艺术境界却是相通的。

从巴尔的摩乘火车到了费城，到宾夕法尼亚大学拜访了英语史专家鲍（A. C. Baugh）教授，向他请教如何教英语史。在宾大图书馆看到济慈的诗篇《明亮的星》（“Bright Star”）手稿，使我兴奋不已。在费城，我还拜访了西南联大外文系同学林同珠女士，她的丈夫是清华十二级电机系的陈同章。他们四岁的儿子Tom问我："Who are you?"我回答说："I'm Uncle Li."同章自己动手安装起一台黑白电视机，当时此物刚问世，同章夫妇可谓得风气之先。同章当时任宾大电机系教授。同珠生孩子后，暂时放弃深造机会，后来等三个孩子长大一些，她读了一个图书馆专业的硕士学位。当述华和我1981年秋访美时，她已在宾大隔壁德雷塞尔大学（Drexel University）图书馆中工作。

我离费城后，前往首都华盛顿特区，下榻于喜来登酒店（Sheraton Hotel）。我在国会图书馆（Library of Congress）查阅了19世纪德国学者研究中古英语的资料。再到国家美术馆（National Museum of Art）欣赏了世界名画多幅。还看见清朝时在中国工作的意大利画家郎世宁所画的中国画，觉得很有趣。

从华盛顿乘火车南行，到了达勒姆（Durham）的杜克大学，拜访了古英语专家鲍姆（Baum）教授。南行火车上邻座为一位只会说西班牙语的妇女，无法与她交谈。我认识到美国说西班牙语的移民为数不少，无怪乎美国中学把西班牙语也正式定为一种外语，和法语、德语同等重要。南行火车上提供的西餐很好吃，可算一种享受。

从达勒姆我连夜乘灰狗公共汽车（Greyhound）前往北卡罗来纳大学（University of North Carolina）访问。那里风景如画，气候宜人，颇似昆明。

这次南行访学令我大开眼界，对美国几所名牌大学和几位知名教授多少有些了解。几所大学中，我尤喜北卡罗来纳大学，因为耶鲁后来的古英语教授弗雷德·罗宾逊（Fred Robinson）和康奈尔大学的罗伯特·卡斯基（Robert Kaske）教授都是该校培养的学者。罗宾逊教授后来帮助我得以于1981年访问耶鲁。卡斯基教授是我以鲁斯基金会亚洲学者身份于1985至1986年访问康奈尔大学期间经常来往的中世纪英国语言文学杰出学者。

毕业前夕

1949年，我参加了博士学位综合考试（口试），成绩不突出。梅纳德·麦克教授问我《李尔王》，内容很详细，但对我回答《安东尼和克莉奥佩特拉》一剧之内容并不满意。当卜德尔教授告诉我考试已及格时，我并不感到高兴。考试完毕已是下午3点，我乘火车去纽约，赴哈佛俱乐部（Harvard Club）洛氏基金会人文科学研究员的聚会。在会上有幸听到欧洲文学史家埃里克·奥尔巴克（Eric Auerbach）谈市民文学和宫廷文学的区别（la ville et la court），加深了我对欧洲文学的认识。我认识了一位印度籍研究员，他曾在普林斯顿大学听新批评学派代表人物之一科林斯·布鲁克教授讲“20 世纪英美文学”。耶鲁大学一贯保守，普林斯顿走在耶鲁前面。耶鲁讲英国文学只讲到 19 世纪末，下一年学期开始，耶鲁特聘布鲁克先生来英文系讲授 20 世纪英美现代文学。从此布鲁克先生成为耶鲁名教授，我有幸也听过他的课。

1949 年，国内解放战争节节胜利。有一天林语堂先生来到耶鲁演讲。他的英文虽然写得很地道，但英语语音、语调却不很好。他开始说：“I'm a Harvard man.”（我是哈佛人。）似乎以非 Yale man（耶鲁人）为遗憾。记得他在演讲中引了一句明哲保身的成语：“A gentleman does not stand under a falling wall.”（君子不立于危墙之下。）

东北解放了，国内形势大转，国民党已准备逃往台湾。有一天胡适先生来耶鲁向中国留学生讲话，似乎是宣传第三条路线（民主个人主义）。他说国民党军队溃不成军。当陈能宽同学质问他为何对国民党政府独裁、贪污、腐败，陷人民于水深火热之中只字不提，他无言以对。演讲后，李方桂先生邀请他到家一叙，田意兄和我随往。田意兄问他竞选总统之事，他说确有此事。田意兄向他介绍我是李仪祉先生的儿子，他和我握手，说道："Your father was a great man.（你父亲是一个了不起的人。）"

全国解放了，新中国成立了！我心里觉得高兴，但还没打定主意，不知是该坚持完成博士论文，还是立刻回国教书。有一位犹太研究生 Mr. Green 说，共产党肯定会欢迎你回国教英语。当时王佐良、许国璋、周珏良几位学长已于 1949 年年底回到北京。1950 年 4 月底我到纽约 China Institute 晋谒清华大学校长梅贻琦先生，请教他我是否应立即回清华教书。他鼓励我回国，但他说他还不太清楚共产党的教育政策，还要再等等。我于是告别耶鲁，于 1950 年 4 月底启程回国。离开纽约时，忽然下了一场雪。美国人把此时下雪称作"白色复活节"（white Easter），以区别于"白色圣诞节"（white Christmas）。回忆 1938 年春，我离开长沙时也曾下过一场雪。到了广州，正是春光明媚，鸟语花香，还曾有诗记之："三月岭南正好春，篱边溪畔野花新。"我从

1950年4月，李赋宁（右三）归国前在船上留影。

纽约乘火车抵旧金山时，也是气候宜人，颇似昆明。火车经过芝加哥时，我顺道赴芝加哥大学参观，拜访了清华十一级外文系同学查良铮（诗人，笔名穆旦）和他未来的妻子，周珏良之妹周与良（生物系），还有清华经济系十一级同学李志伟，以及西南联大外语系同学巫宁坤。我在芝加哥大学买了一本德文旧书，歌德的《浮士德》，留作纪念。芝加哥大学在美国也是一流大学，中国留学生中有不少杰出人才，如杨振宁、李政道等都在该校深造。

我从旧金山上船，是一条小货船“印第安熊（Indian Bear）”号。经关岛、日本，最后在山东新港（Taku Bar）上岸，经过 31 天才回到祖国。

第八章

祖国，我回来了

我从1941年开始在西南联大教书到1946年赴美国留学，已积累了五年的教学经验。我教过的课程计有："大学一年级英语读本和作文""大学二年级英语读本和作文""大学一年级法语""大学三年级法语语法""英国文学史""法国文学史""欧洲名著选读"（莫里哀）等。出国前，我抱着尽自己一份力量办好母校清华大学外文系的愿望，在耶鲁大学英文系研究院学习了四年，集中研究了古英语、中古英语、乔叟、莎士比亚、19世纪英国浪漫主义诗歌、拉丁文、英语史、大学二年级德语等课程，选定了《13世纪英国政治抒情诗》为博士论文题目，并且完成了一半。1950年，我国已解放，我迫切渴望回到清华园，用我学到的知识为母校外文系服务。

我从旧金山乘美国小货轮"印第安熊"号启程，途经太平洋中的美属关岛，那里是亚热带气候，我们曾上岸观光。在我们离开后不久，该小岛受到飓风袭击，据说飓风比台风还要厉害，我们深感庆幸。

船上普通舱中只有12位乘客，都是中国归国留学生，其中还有一位学物理的名叫佘守宪，说他在西南联大上过我教的“大一英文”课。船上大家说说笑笑，不觉寂寞。我不晕船，胃口很好。在甲板上我曾看到飞鱼。船长很友好，让我去听他的收音机，音质十分清晰，我因此得知了国际和国内的重要新闻。

在船上共度过了31天，途经日本横滨，那是一个商埠，类似上海。上下货后，船抵达东京。我们看见日本天皇的宫殿对面就是美国占领军总司令麦克·阿瑟将军的司令部。日本为战败国，受到屈辱。火车上日本人只准坐后面的座位，类似美国黑人乘公共汽车也只准坐后面的座位。

从东京我们乘火车抵达京都。那里的宫殿、庙宇、房舍，古朴典雅，颇似北京，又有点像成都。我们在京都餐馆中席地而坐（tatami），有女招待侍食鸡素烧（sukiyaki），别有风味。我们在日本还吃过鱼面，类似我国的凉面。中日文化颇有相似之处。

从京都回船上，继续开行，抵神户。又上下货。在那里我们参观了一个博览会。

货轮在海上继续冲浪，经过大连、旅顺，终于在1950年春末夏初，在塘沽附近的新港抵达解放后的中国。我们感到十分兴奋，终于回到了祖国！

外国船只不准靠拢，停在离船埠不远的地方。新中国的防疫人员乘小舟上船查旅客的防疫证书（yellow book）。其中一人看到我的姓名，问我和李赋京、李赋都是什么关系，我回答说他们是我的大哥和二哥（堂兄）。我猜想他是大哥赋京以前教过的学生。

我们上岸后，中国教育部派人到岸上来接。我们乘火车自新港至天津。我未随集体到招待所，而是往珏良家拜访他的夫人方缃同志。方缃开始时学历史，毕业后与珏良回天津结婚，对幼儿教育发生兴趣，故在一幼儿园工作。珏良兄的父亲周叔弢先生把我安顿在启新洋灰公司招待所暂住。珏良的堂弟绍良来招待所看我，请我去饭馆食鲥鱼，并品尝南方运来的枇杷，别有风味。在天津我还拜访了清华十一级政治系同学纪纯学长，请他听李少春的京剧《上天台》，唱做俱佳，十分过瘾。自1937年离北平前看过西单长安剧院杨小楼和郝寿臣的《长坂坡》后，多年来无此享受。

自天津乘火车回到解放后新中国的首都，十分兴奋。我在东华门乘清华校车“美孚”号回到阔别13年的清华校园。在新林院晋谒吴达元恩师，吴师母陈穗翘女士留我暂住她家。随后，清华十一级经济系肖家魁学长让我暂住他在工字厅的一间单身宿舍。住在工字厅的还有陈镇南、王逊、陈庆华、张怀祖、周礼全等清华校友。

当时清华外文系主任是盛澄华先生。我因患牙痛，他来工字厅探望我，并赠我止痛药片。工字厅工友李广义为我冲开水，并用热毛巾为我热敷。他本是宫中小太监，未净身。八国联军入侵时曾随慈禧去过西安。当时我急于去成都与述华会面，但因刚解放，无路条不易通行。我也急于回西安探望母亲和弟弟。张奚若的夫人杨景任女士与我结伴同行。她去宜宾老家探母，我回西安。

回到西安水利局家中，看见母亲、赋洋、赋梅、静娴，以及侄女昉、侄儿昱等，真是高兴。父亲的学生胡步川先生来看我，与我互赠七律。父亲的友人严庄来看我母亲，与我讨论就业之事。我因清华教书工作未定，故于8月初返京，仍住工字厅。当时王佐良、许国璋和周珏良三位学长已在北京外国语学院任教。他们也想让我去该校教书。我曾去那里接受外语系系主任初大告先生和副系主任英国人戴维·柯鲁克（David Crook）先生的面试。罗常培先生已任科学院语言研究所所长，他约我去语言所研究和翻译西方语言学理论书籍。经过吴达元先生、盛澄华先生和校务委员会副主席周培源先生的努力，我终于能够回到清华教书，职称为副教授，月薪为900多斤小米。达元先生欢迎我回清华教书，从此我和他有更多的接触，他的确是我的恩师。达元先生曾译博马舍的名剧《费加罗的婚礼》，这部剧被看作法国大革命的前奏，被中国青年话剧团采用为话剧脚本，在北京公开上演，特邀达元先生担任顾问和指导，受到观众和戏剧界的热烈欢迎和赞誉。他编的两卷本《法国文学史》（1946年由商务印书馆出版）是他在抗日战争时期的主要研究成果，仍有参考价值。由于过度劳累，吴先生患喉癌，70岁去世，令我悲伤。他为人诚恳，乐于助人，是一位难得的教师。

回清华后，我拜访了冯友兰先生、金岳霖先生、张奚若先生、陈岱孙先生、钱锺书先生、叶企孙先生、潘光旦先生等老师，心中十分高兴。钱锺书先生对西方的学术动态十分熟悉，同时他仍研究中国学问，令人敬佩。

述华不畏长途跋涉，于8月中旬安抵北京，暂住达子营四姑李凤鸣大夫家中。述华与我商量，她急于找到工作来赡养母亲和帮助妹妹述德上大学。我们决定一方面为述华求职，一方面准备结婚。我于8月底开学前与述华在工字厅举行婚礼，张奚若先生是我们的主婚人，勉励我们为人民服务。王宪钧先生是我们的介绍人，因为我和述华相识时，王先生正在成都，知道我们相爱。徐锡良先生为我们主持、操办婚礼，至今难忘。9月初紧张而愉快的教学工作就开始了。

婚后我们仍暂住工字厅，在员工食堂包饭，认识了数学系的助教李同孚。他是湖南湘潭人，长沙明德中学毕业，抗战时期入重庆沙坪坝中央大学，由陈省身先生介绍来清华教书。同孚国学根基雄厚，善吹箫，不修边幅，被视为怪人。他常去拜访数学系老教授郑桐荪先生（柳无忌先生的舅父），我在那里也遇见过他。我和他常谈旧诗词，很佩服他的旧学问。他对英语和德语也有兴趣，有时也和我讨论外语方面的问题。他喜欢买旧书（中外文皆有）。他的数学对我来说莫测高深，无从评论。

同孚不同于凡人，他对职称毫不在意。数学系领导打算提他为副教授，他说："狗屁！"而当时不少人千

1950年李赋宁与徐述华的结婚照，摄于北京。

方百计走后门以达到提职的目的，却是明显的对照。

为了给述华谋职，我们去看了赵隆勷同志，他是述华在省女中上高三时的英语教员。我又去找俞铭传同志，他是吴宓先生的研究生，当时在北京大学党内任职。游国恩先生的女婿马汉麟同志在清华中文系教书，他主动介绍述华去城内一所中学教书。碰巧清华化工系成立燃料研究室，系主任曹本熹同志招聘助理研究员，述华应聘，被录取。这样，述华的工作就定下来了。

1950年我回到清华教书。清华的传统仍在继续。教师仍努力教学，学生也努力学习。我的志愿是尽自己的力量帮助办好清华外文系。当年我出国留学就是抱着这个宗旨，我想在外国语言和文学方面为国家培养优秀的人才，使他们能从事各方面的外事工作，使少数有志之士研究外国语言和文学，能够和国际研究水平看齐。在清华，系领导给我的教学任务是：1. 英语专业一年级英语读本和作文；2. 英语专业三年级英国文学史；3. 英语专业研究生“16、17世纪英国戏剧”。

英语专业一年级学生共有11名男女青年。他们来自上海、北京、湖南、江西等地，有较好的英语基础。如上海圣芳济中学毕业的黄用仪和胡壮麟，黄用仪后来任联合国中国军事武官，胡壮麟曾留学澳大利亚研究语言学，后任北大英语系主任，是我国著名的语言学家。

当时国内盛行学习苏联，采用苏联出版的英语读本，文字比较浅显，以学习实用英语为目的，而以练习活用字（active word）为重点。开始时我用汉语讲解词义，注重词源和词的搭配。学生派代表来要求我直接用英语讲授，以训练同学的听说能力。我同意这样教，而把重点放在训练paraphrase（换一种说法）上。我有一个坚定的信念，就是学好英语，必须落实在笔头，一定要打好听、说、读、写的基本功。我让他们每周写一篇英文作文，我细心批改，指出不合英语语法和习惯用法之处。写得好的地方，我特别加以鼓励。这班学生我接连教了两年。他们的英语基本功还令人满意。为三年级学生讲授的“英国文学史”，我还没有来得及用马克思主义观点来讲，仍用我在西南联大讲授“英国文学史”的旧材料，因此我自己并不满意。不过学生对于英国文学史仍感兴趣，总算给他们打下一点基础。至于为几位研究生开的“英国戏剧”课，我采用耶鲁研究院的研讨会方式（seminar）。我估计对他们来说，收获不大。我在三院教室上课，犹如昔日做学生时那样。研究生的课在图书馆楼下我的办公室里上。述华的工作地点在二院。我们住在北院杨业治老师隔壁，这样我们开始了忙碌、愉快的新生活。辅仁大学外语系主任唐悦良先生耶鲁毕业，约我去兼课。我因负担过重，未能前往，感到抱歉。

1950年我回到清华大学外文系教书时，和钱锺书先生成为同事。我和钱先生谈到英、美对英国文学研究的情况，钱先生非常熟悉，可见他在不断研究学问，从未中断。1952年院系调整。钱先生分配到社科院文学研究所，杨绛先生分到外文所。当时他们仍住在北大，和我家临近，我仍有机会去请教钱先生。关于钱锺书先生的英文写作和翻译水平，人们盛传他译《毛泽东选集》第一卷《实践论》中“吃一堑，长一智”为“a fall in the pit，a gain in your wit”。对仗工整，押韵也巧妙。

1951年9月初秋季开学，我的教学任务加重了。由于赵诏熊先生在四川参加土改未归，我同时教英语专业一年级和二年级的英语精读课。教了一学期，学校领导为了减轻我的负担，从北京大学借调赵诏熊先生的夫人林筠因女士来清华教一年级精读课。由于抗美援朝开始，燕京大学的英美籍教师都回国去了。燕大外语系主任赵萝蕤女士聘我兼课教“莎士比亚”一年，因此认识了雷海宗先生的女儿雷崇立和李勤同志。

1952年暑期，学校派杨周翰学长和我去参加亚洲及太平洋区域和平会议翻译工作，把大会文件从英文译成中文。先是时任高等教育部副部长的曾昭抡先生给我们布置了任务，随后我们就去中南海的庆云堂内工作。领导我们的小组长是言彪同志，天津人，新学书院毕业，解放前去延安工作，收听外国电台的新闻广播，译成中文，供领导参考。解放后，他在新华社工作，编译《新华电讯稿》，很有经验。以前我从来没有接触过政治性文件的翻译，因此感到新鲜、有趣。后来我又参加徐永煐同志领导的翻译小组。由于钱锺书先生向他推荐我，说我的法文程度较好，他也让我把一些法文文件译成英文。

这时北京外国语学院也派许国璋学长和英国专家戴维·柯鲁克来参加翻译工作。柯鲁克先生是英共党员，曾参加西班牙内战，会西班牙文，因此他的任务是译西班牙文文件为英文。燕京大学也派才华横溢的吴兴华来参加中译英工作。他是杭州人，未留过学，但英文写作水平很高。以前燕京大学西语系主任哈罗德·谢迪克（Harold Shadick）曾计划派他赴美深造，后因他患肺结核，未能成行。此时清华十级政治系方钜成学长（在外文局工作）也来参加中译英翻译，该组小组长为新华社萧希明同志，广东人。

我接触了这许多英语人才，开始认识到英语是一种多功能的工具，不仅能为教学和科研服务，而且有很多实用价值。我的任务是在大学把英语教好，帮助学生练好基本功，培养合格和优秀的英语人才。1952 年暑假的翻译实践更充实了我的教学内容。

第九章

来到北大

1952年实行院系调整。北京大学从城内沙滩迁到城外的燕京大学校园。清华大学成为一所工科大学。周翰学长和我都从清华调到新北京大学任教。清华外文系主任吴达元先生提升周翰和我为正教授。新北京大学的外语系除英语外，还有法语、德语等，称为西语系，在原燕京大学宗教学院所在的民主楼办公和上课。

北大西语系的师资力量非常雄厚。系主任是冯至先生。我们在西南联大曾旁听过他讲的“德国诗歌”，对他的为人和学问比较了解，在他的领导下教书是十分愉快的事。我属于新北大西语系英语教研室，俞大絪先生任英语教研室主任。俞先生是英庚款牛津大学英国语言和文学留学生，抗日战争期间在重庆中央大学教书，是一位以全部精力投入英语教学的教师，受到师生的爱戴和尊敬。抗战胜利后，她在燕京大学任教，所以留在新北大。

新北大西语系英语专业的师资队伍是非常出色的。一年级的教师是周珊凤先生，她是原清华学堂校长周贻春先生的女儿，美国著名女校布林茅尔毕业，英语水平很高。二年级的教师张祥保先生是上海圣约翰大学毕业。周先生给学生打好语音基础，张先生给学生打好语法基础。三年级的教师是林筠因先生，南开大学毕业，给学生打好词汇基础。俞大絪先生是后盾，她一方面巩固并加深学生的语言基础，同时又善于引导学生逐步从语言学习过渡到英美文学（诗歌、戏剧、小说、散文随笔等不同体裁）的学习，使学生在基础阶段受到国内最佳的训练。英语专业为四年级毕业班开了四组英语精读课，学生来自北大、清华、南开、北师大、燕京、辅仁和西北大学。A 组学生平均成绩在 90 分以上，由赵诏熊先生主讲。B 组为 80 分以上，由我讲授。C 组在 70 分以上，由赵萝蕤先生讲授。D 组由杨周翰学长讲授，平均成绩为 60 分以上。我们的两位助教张瑞芝女士和黄继忠同志都来自燕京大学。我们分工编教案，集体讨论，互相受益，感到十分愉快。教翻译课的教授有朱光潜、潘家洵和张谷若三位先生，阵容十分整齐。法语专业力量也非常强，有罗大冈、齐香、郭麟阁、李熙祖、吴达元、盛澄华、陈占元等教授。德语专业有冯至、杨业治、田德望、陈镇南及外籍教师赵林克悌、谭玛丽、蔡思克等。

1952年10月在北京召开亚洲及太平洋区域和平会议，我认识了陈占元先生。陈先生是研究巴尔扎克小说的专家，热爱文学，为人诚恳，是一位可敬的长者。陈先生早年留学法国，与巴金同时。他学成归国后，在上海鲁迅的周围，一心想办外国文学杂志，从事巴尔扎克小说的翻译。抗日战争时期，他在桂林。抗战胜利后，他来北京大学法语系任教。他的长女陈莹是我妻子徐述华在北京石油学院教的学生[1]。因此我和陈先生常有来往，请教有关法国文学的问题。我教“外国文学”课时，曾请他给学生讲巴尔扎克。

教学中的摸索

当时我国教育制度从学习英、美、德、法转为学习苏联。实际上，学习苏联只学到重视实用外语，而并不

1 1952年实行院系调增，北京以清华大学石油系为基础，成立了北京石油学院，徐述华先生调至石油学院任教。

重视科研方法。拿英语为例，我们教毕业班英语精读课要集体备课，自编教案，选出活用字，编成例句，让学生模仿，练习复用。这种外语教学法的缺点是让学生“见树不见林（not to see the forest for the trees）”，不能帮助他们连贯、完整地表达思想。在这种情况下，我要求学生每周写一篇英文作文，使他们能够笔头连贯地表达思想，另外我训练学生学会 paraphrase（换一种说法），用不同方式表达类似的思想。这种教学法我认为很有用。学生基础不错，学习很努力，还是培养出了不少英语方面的人才。一般用人单位都称赞北大毕业生“有后劲”，原因是我们一方面帮助学生练好听说读写译的基本功，同时扩大学生的知识面，以利于解决毕业后工作中的实际问题。

学生考老师是常有的事。我教的 B 组班上有一个燕京大学学生，名叫葛安林，在课堂上忽然问我：“英文‘酒糟鼻’如何表达？”我以前喜欢读 P. O. D.（*Pocket Oxford Dictionary*，《袖珍牛津词典》），想起读到过“grog blossom”，似乎就是“酒糟鼻”。我没有被考倒，总算是幸运。顺便提另一件事，北大英语系有一位美国女教师 Marcelia Yeh（叶玛西）问同事吴兴华“straight as a die”是什么意思，吴转问我。我记得die（骰子）是名词，是dice的单数，这个短语是“清一色”的意思。看来读字典也是一种有用的学习方法。

1953年暑期，我向系主任冯至先生申请教“欧洲文学史”，冯先生同意我脱产进修一年，学习马克思主义文艺理论。我旁听苏联专家毕达可夫讲授的“马克思主义文艺理论课”（由李广成同志任翻译）。另外，参加蔡仪和周扬同志领导的“马克思主义文艺理论”讨论班。我在暑期用了三周速成学习俄文，能阅读《苏联大百科全书》中有关欧洲文学的条目。我开始编写讲稿及讲授提纲，用历史唯物主义观点写了“荷马史诗”的讲稿，请文学教研室的前辈老师闻家驷和盛澄华先生提意见，得到他们很大的帮助。我日以继夜地勤奋工作，终于在1954年秋季学期开出了新的“外国文学”课。据说我这门课是解放后高校最早开出的欧洲文学课。以前教过我的老师罗皑岚先生和其他兄弟校的教师来北大向我取经，我写的讲稿在文学教研室供其他教师讨论、批评。

我当时30多岁，精力充沛，感到紧张而愉快。9月初开始上课，当时西语系的学生还顾不上学这门课，上课的学生为中文系和俄语系二年级以上的本科生和研究生，共有200多人。我这门课很受同学欢迎，因为他们是初次接触西方文学，充满了好奇与激情。我讲荷马史诗《伊利亚特》和《奥德赛》、但丁的《神曲》、薄伽丘的《十日谈》、莎士比亚的《哈姆雷特》、18世纪的启蒙运动，以及19世纪现实主义小说：巴尔扎克、狄更斯和托尔斯泰的名著，学生听得入神。顺便提一件事，有一位回民同学抗议但丁把回教教主穆罕默德打入地狱，我没有给她一个圆满的答复，心中有愧。后来西语系英、法、德、西四个专业的三年级学生也必修此课，我为他们也讲授了一年。有些毕业生后来成为西方文学专家，如柳鸣九、张玉书、孙凤城、朱虹等人。

1955年暑期，系主任冯至先生让我教英语专业四年级的"英语精读"课，从此我从文学教研室又调回英语教研室。我教四年级"英语精读"课时，讲的一篇威廉·哈兹利特[1]批驳马尔萨斯[2]人口论的课文被选为"公开课"，让教研室同志来旁听、提意见，以求改进教学。朱光潜先

1 威廉·哈兹利特（William Hazlitt，1778–1830），英国散文家、评论家、画家。

2 马尔萨斯（Thomas Robert Malthus，1766–1834），英国教士、人口学家、政治经济学家。以其人口理论闻名于世。

生提的意见是：我的语音、语调很标准，对课文的字面意义也讲得清楚，但对课文的精神实质却吃得不深、不透。我对此意见很重视，以后讲解课文前先讲课文基本意思，再到字句意思。朱先生的教导令我折服。我仍采用让学生学会 paraphrase 的方法，使他们灵活运用英语。

1955 年，进一步教改，大学文科改为五年制，理工科改为六年制。我教五年级精读课时，与朱光潜先生和吴兴华同志开始分组指导学生进行一点语言方面的研究，也只是一点尝试。朱光潜先生自己继续他的美学研究，并翻译黑格尔和克罗齐的美学著作。吴兴华自学意大利文，研究但丁的《神曲》。他曾在教研室讲过一次《神曲》的思想和艺术，受到听众的赞赏。我用历史唯物主义观点解释莎士比亚《皆大欢喜》的社会意义，写出一篇从多方面来分析这部作品的文章，发表于《北大学报》，受到读者的重视。我始终认为一二年级要练好听、说、读、写的基本功。从三年级开始，就要读英文文学作品的原著，四年级要开始学一点语言、文学研究方法。总之，大学的外语系既要造就外事人才，也要训练研究人才，本科教学的目的就是要照顾到各方面的需要。

我常去北京外国语学院取经，和王佐良、许国璋讨论教学中的问题。我们的看法比较一致，就是要让学生学会地道的英语，因此要学范文，要学英美文学作品中的名篇，同时要加强笔头的训练，写出好的英文作文。

王佐良和许国璋的主张受到北外副院长李棣华的支持，这在当时是很不容易的。李棣华还支持他们办刊物，名叫《西方语文》，发表一些文学和语言研究方面的文章，请书法家沈尹默先生题封面。这本刊物于1957年创刊，它就是《外语教学与研究》的前身。这种学术空气在当时也是难能可贵的。我在《西方语文》发表过两篇论文，一篇是《英国民族标准语的形成和发展》，另一篇是《乔叟诗歌中的形容词》。前一篇受到冯至先生的称赞，认为这篇文章简明扼要地叙述了英语自古到今的发展过程。后一篇从乔叟的诗篇选出某些形容词，来分析它们的艺术效果。王佐良学长认为分析得很细致，但裘克安同志认为脱离实际。当时的风气偏重实用，我的选题厚古薄今不足取。我开始写结合实际的文章，帮助青年学子练好英语基本功。时任国务院副总理兼外交部副部长陈毅同志号召学生要学地道的英语，我写了一篇题为《争取外语过关》的文章，受到大家重视。还写了《怎样提高英语听、说、读、写的能力》等文章，受到青年读者的欢迎。《英语学习》月刊也受到青年读者的欢迎，我也同时为《英语学习》写稿。

70年代末上海外国语大学办了一本刊物，取名《外国语》，约我写稿。我曾写《欧洲文学的传统》和《英语的习语》两篇文章。后来广东外国语大学召开英语研究学术会议，我前往参加，做了题为“英语的结构”学术报告，也在《外国语》上发表。

1956年这一年，是我生平最幸运的一年。有三件大事：一是爱妻述华诞下我们的儿子李星；二是我被提升为高教三级教授；三是我家迁入燕东园33号楼下居住。在我迁入以前，燕东园的住房只分配给一级和二级教授居住。李星的取名，我是根据但丁《神曲》，其中“地狱篇”“炼狱篇”和“天堂篇”的末尾一行都提到“天上明亮的星星”。

大学仍以教学和科研并重，主要应培养研究学问的人才，训练研究方法。北大和北外既照顾到外语实用人才，又需要培养研究人才，二者不可偏废。1956年，罗经国本科毕业，此时北大开始招考硕士研究生，罗经国和张婉琼考取。我为他们开了“古英语”和“英国文学史”两门课，

1956年，李赋宁教授（左二）和夫人徐述华（右二）、儿子李星在颐和园与许国璋教授（左一）及夫人黄怀仁（右一）合影。

吴兴华为他们开了“莎士比亚”课。这是解放后最早招考研究生的一次，我感到很高兴，因为我在耶鲁学的知识终于可以传授给青年学子了。可惜好景不长，一年后，教育方针有所改变：教育必须为无产阶级政治服务，教育必须与生产劳动相结合。这一批研究生未能学完。罗经国留校，做党的工作。张婉琼分配到国际关系学院教书。

1957年秋季，我的教学任务是教英语专业四年级“英语精读”课和三四年级“英国文学选读”课。我的课堂英语有很大的进步，教学效果也愈来愈好。学生们听得满意，我也感到十分高兴。我讲课常常被文学作品的情节和人物所感动。例如，哈代的《德伯家的苔丝》中苔丝紧紧握住她的订婚戒指，生怕遭她未婚夫的遗弃。又如，讲兰姆的《梦中儿女》(“Dream Children”)时，我自己感动得声泪俱下，学生也受到感动。这样的教学效果是不错的。兰州师范大学（现名西北师范大学）进修教师俞杰同志来北大进修，听了我这两门课，很满意，向高教部外语司反映。

1959年秋，国际学联在北京召开会议。我和北大英语专业五年级一些学生被抽调参加大会翻译工作。翻译组人员多数来自捷克首都布拉格。其中有一位英国女士

1958年，北大西语系部分教师与五四级部分同学合影。后排中为朱光潜教授、左二为张祥保教授、左三为俞大絪教授。前排左一为李赋宁教授，中为杨周翰教授。

名叫Iris，其夫为捷克医生。我和Iris谈话较多。她说她丈夫很需要一本英文医学词典，碰巧北京有这本词典的翻印本，我买了送给她，她非常感谢。另一位捷克女士想买一本丹尼尔·琼斯（Daniel Jones）编的《英语读音词典》，北京也能买到翻印本，我买了赠她，她十分满意。可见当时东欧和西方世界隔绝，这些工具书竟然无从得到。我国当时已进入困难时期，但仍继续进行教学与科研，真是难能可贵。这次会议文件有不少是法文，我参加法译英的工作，实用法文也得到一些锻炼。

到了60年代，外语教学变得非常实用。提出“真刀真枪”的口号，让学生边学边用，以达到速成的目的。张谷若先生和我同教三年级学生。我们选了一本记载第二次世界大战期间日本侵略者在东南亚所犯罪行的书。原书为英文，让学生分成小组集体译成中文。每周译出若干页，交给教师。教师讲评学生的集体译稿，和学生共同定稿。全书译成后，交某出版社出版。这种教学法效果并不好，因为程度差的学生受益甚微。这种做法只试验了一学期。四年级学生选了胡华的《中国革命史》译成英文，指导教师为朱光潜和吴兴华。

后来中央又有新的精神。1961年，中宣部副部长周扬同志主持高等院校文科统一教材工作。北大西语系主任冯至先生主持中文和外文两个组，北大东语系主任季羡林先生为外文组副组长，北外李棣华副院长亦为副组长。外文组成员有南京大学陈嘉教授，复旦大学徐燕谋教授和伍蠡甫教授（伍光建之子），北外王佐良学长，北大是我。外文组议定英语专业四年制培养规划，定出各年级阅读书单，并要编出一到四年级的统一教材，供全国高校英语专业使用。结果产生了许国璋主编的一二年级英语读本，俞大絪先生主编的三年级英语读本和徐燕谋先生主编的四年级英语读本。我想补充说明，我们为英语专业编写的一到四年级英语精读教科书是集体劳动的成果。教材领导小组指定王佐良、李赋宁和吴景荣为审稿人，我为一二年级课本写过几篇课文。温德先生也为三年级教科书写过课文。这套教材有它的科学性和实用性，从此高校英语专业学生的培养有了统一的标准。许多青年自学英语也都使用过这套教材。此外，还决定请陈嘉先生用英文写出新观点的《英国文学史》，请杨周翰、吴达元和赵萝蕤三位先生主编《欧洲文学史》。这些教材一直使用到改革开放。我在英语教研室教四年级“英语精读”课，用的是徐燕谋先生主编的全国统一教材；教四年级“英国文学选读”

课，用的是陈嘉先生编的教材。这个班的学生成绩比较好，他们吸收新知识的能力强，学习兴趣很高。我曾请陈嘉先生、徐燕谋先生和戴镏龄先生来北大为他们做学术报告，学生的反应也很强烈。

可是当时我国的政治形势发生了变化，和苏联的关系破裂，又遇上自然灾害，开始了三年困难时期。当时提出的口号是：教育要为无产阶级政治服务，教育要与生产劳动相结合。学生劳动的时间多，学习的时间少。正规的教材停止使用，代之以反对修正主义的政治文件的英译本。一到四年级用的是同一教材 *Long Live Leninism!*（《列宁主义万岁！》）

王佐良、周珏良和我想要使学生和广大读者学到地道的英文，计划选一些英美文学中的名篇和名段，用活页文选的形式向社会推广。我为活页文选选注过莎士比亚的《哈姆雷特》《麦克佩斯》、约翰逊博士的《致切斯特菲尔德伯爵的信》，以及狄更斯《雾都孤儿》中的名段等。我们还邀请张谷若先生、杨周翰学长等专家为活页文选撰稿。这本《英美文学活页文选》于 1962 至 1965 年由商务印书馆出版。据许多年轻同志反映，它受到广大读者的热烈欢迎。70 年代末，商务印书馆外文部编辑陈羽纶学长（西南联大经济系毕业，欧洲留学）建议我们在《英美文学活页文选》的基础上加以补充，扩大编辑成册。终于《英国文学名篇选注》在1983年由商务印书馆出版了，这是我们为社会做的一点贡献。社会上也有一部分人认为我们的选文脱离实际需要、厚古薄今，他们主张应学当代实用英语，这样才能满足外事工作的需要，但我们想让青年人有一点文化修养，对外事工作也有好处。

随后，从国外传入了各种英语教学法，如直接法、听说领先法等。但我认为读和写应放在首位，因为真正学好英语，必须多读书，而且要能准确、熟练地用笔头表达思想。我常说："要落实到笔头，才能牢固掌握。（We must make every course a writing course.）"我给学生改作文非常认真、仔细，并且常和他们个别会谈。我这种办法仍有缺点，主要应该调动学生的主动性。我觉得要写好英文，必须学到英文的神韵，因此应该细心体会用词和句子的结构。选择自己最喜欢的一部作品，反复阅读、琢磨。我常朗读，听念出来的声音是否好听。另一方面，我又练习快速阅读，来体会文章的神韵和风味。我喜欢英国英语的语音和语调，并始终保持着，虽在美国留学四年，也未受到多大影响。我的英国口音曾被美国同学称赞。我在美国留学，也学会了一些美国英语，英国音和美国音都不错，我的心得是要学得自然，说得流畅。

1950 年我回到清华教书时，我的英语发音是国际上知识分子的共同发音，教给学生的也是这种语音。大致是英国南部牛津和剑桥大学师生的发音，也是 BBC 广播电台的发音。我的老师温德教授的发音，是介乎英音和美音之间的国际知识分子的发音。这些年来，我一直如此。我教的学生免不了带上一点江浙、湖南、四川等地的口音。我的学长杨周翰的发音最好，是极纯正的牛津音。我教过的学生当中，吴冰（冰心的长女）的发音我最赞赏。

我们的大学英语课不能满足于让学生只会说生活英语。学生要能使用英语谈论各方面的事物，包括文学和艺术。教师在课堂上起示范作用，学生逐渐也学会用英语谈论各种问题，并能说得准确、流畅，听起来像真正的英语。

担任副教务长

1962 年陆平校长请周培源先生动员我担任北大副教务长，主管大学英语，我推之再三，只好勉为其难。为了改进大学英语的教学，有一年我和邓懿、金鼎恒[1]同教大二英语一个班，希望摸索出一些经验。我们教的那个班程度比较好，大多数是理科学生。我们选出一些成绩好的学生，动员他们改学英语，将来毕业后，经过深造，成为英语教师。为了这个目的学校成立了英语师资班。但这种速成的办法很难保证质量。

陆平校长为了提高青年教师的外文阅读能力，让我制订教师英语水平提高计划。我草拟了一个阅读书单，供大家讨论。还要定期测验教师的程度。这些计划由于“文化大革命”，未能实现。

陆平同志是东北流亡青年，考取北大教育系，副系为英语，对英语十分重视。他曾和我一同接待香港大学英语系主任、当代著名英国诗人白伦敦（Edmund Blunden）及其夫人。我向白伦敦解释，我国人民当时生活比较朴素，引了华兹华斯的诗句：“plain living and high thinking”（朴素的生活和高尚的思想）。白伦敦赠我他为港大英语系与夫人合编的《英诗选注》。此书是英诗精选，便于初学。陆平校长邀请他在适当的

1　疑为金鼎汉。

时候来北大讲学。此事也因“文化大革命”未能实现。

当时国际形势发生变化，阿尔巴尼亚和苏联断绝关系。原先在莫斯科外语学院进修的三位来自阿尔巴尼亚的地拉那大学教师转来中国进修。教育部把这个任务交给北京大学。领导上让我负责培训这三位教师，其中一位是霍查和谢胡的英语翻译。他们要求学英语语言学。我打算教他们“英语史”，先从“古英语”学起。他们学习的兴趣很浓厚。其中一位名叫 Hamlet 的教师表示回到地拉那大学将准备开设“古英语”课。他们学了一年，“文化大革命”就开始了。

我和英语系几位同事还一同教过朝鲜、泰国、马来西亚、阿尔巴尼亚的留学生。我用英语讲授“英国文学史”，并指导“英语语言学”的科研。朝鲜同学英语发音比较困难，但他们很用功，重视学习英语语法。阿尔巴尼亚留学生英语口语较好。其中一位男生在北大毕业后，回到地拉那大学教书，后来担任该校英语系主任。有一名女生从北大毕业后，在地拉那广播电台工作，后来成为主要英语播音员。我在讲课之外还指导这些留学生做毕业论文。有一名阿尔巴尼亚留学生用英文介绍他们一位著名作家的作品。大多数留学生的毕业论文是有关英语语法问题的。

高年级英语专业师训班

高教部人事司终于在1964年和1965年两个暑期分别在秦皇岛和青岛举办高年级英语专业师资培训班。请我组织北大英语系教师前往秦皇岛，同时请北京外国语学院英语系许国璋教授组织北外教师举办英语专业低年级教师培训班。许国璋同志和我住在海员俱乐部。有些教师住在招待所，年轻的教师和学员住在青云小学。上课在青云小学。

我带队，随我前往的有林筠因教授、张祥保教授和龚景浩讲师。我教A组，林教B组，张教C组，龚教D组。王式仁助教辅导、纠正英语读音，王逢鑫助教辅导英语语法。另外，请在北戴河休假的外国专家马海德（George Hatem Ma）大夫、北外英国专家戴维·柯鲁克等来做英语学术报告，训练学员们的听力。高教部外语司傅克同志来指导工作，一切进行得很顺利，学员们比较满意。不料学员食海螃蟹发生食物中毒事件，防疫站封锁青云小学，不准出入。许国璋同志十分果敢，一马当先冲入青云小学慰问教师与学员。高教部迅速派得力干部连夜赶来处理此事，终于化险为夷，使暑期培训班胜利结束，学员们反映很有收获。这件事在新中国外语教学史中值得记载。

1965 年青岛暑期培训班规模要更大些。南京大学英文系陈嘉教授率领四五位教授和其他教学人员组成一个班。上海外国语学院附属外国语学校校长刘葆宏女士组成一个班。北京外国语学院因许国璋同志患病，派吴谦之同志组成一个班。北京大学英语系由我带队，特请俞大絪、赵诏熊、周珊凤、林筠因几位教授和陶洁、王逢鑫等青年教师组成一个班。我们居住和上课都在青岛海洋学院校园内。我有机会认识英语界几位前辈先生，受益良多。同时也结识了英语界一些后起之秀，感到十分愉快和欣慰。我在培训班上，除教英语精读课外，还做过一次如何查阅工具书和如何进行语言方面科学研究的报告。在培训班行将结束时，傅克同志私下告诉我说，一场革命正在酝酿，已有指示要加强反修、防修。当我们回到北京时，已感到山雨欲来风满楼的形势。

“文革”前，每星期三晚间，我为西语系各专业的青年教师讲授“拉丁文”，希望他们也重视词源问题。我请西语系打字员张先生为他们打讲义，代替教科书。

青年教师对这门课很感兴趣，因为他们知道西语系各专业的词汇都来自拉丁文。我每次上两节课，一节讲解，另一节测验。我出若干中文单句让他们译成拉丁文，同时检查他们预先做好的把拉丁文单句译成中文的作业。上课的有青年教师龚景浩、张冠尧、罗经国、林幼琪、陈兆华等，都学得很认真。改革开放后，我又给硕士研究生讲授“拉丁文”，目的仍是让他们重视词源问题。

1966年，“文革”开始了。北大西语系的高年级学生提早毕业，被分配到边远地区教中学。低年级学生留在学校参加革命。这时我被分配到英语专业一年级的一个小组和学生共同学习。这些学生来自全国各地，他们的英语基础相当好，知识面比较广。在“复课闹革命”的口号下，我每日到他们的宿舍，给他们上一点英语课。但是劳动和批判修正主义占的时间多，业务学习只是走走形式。

第十章

磨难时期

“文化大革命”开始，我被分配到英语专业一年级学生班上学习。当时的气氛不允许谈业务，只能进行思想改造。我因同情井冈山一派，于1968年4月下旬被打倒，关入牛棚，开始了长达8个月的劳动改造。

牛棚设在西语系民主楼与东语系外文楼之间的空地上。被关入牛棚中的人有下列几种：1. 党内走资本主义道路的当权派（以陆平同志为首的原党委负责人）；2. 反动学术权威（傅鹰先生、魏建功先生等）；3. 右派分子（师生皆有）；4. 有历史问题的人。我的罪名是反动学术权威和漏网右派。每日早操，早餐后开始劳动或写交代材料，日子过得快，我的身体反而变好了。幸亏有爱妻述华忠诚不渝的大力支持和安慰鼓励，我才得以逃过这场磨难。我家自动缩小住房面积，从楼下迁到楼上，与杨业治老师一家合住。杨师母林宝琦女士对我家特别仁厚。我们的儿子李星也受到她的慈爱和照顾，使我们全家平安渡过难关。

在牛棚中，我敬佩傅鹰先生。他虽然年事已高，却还能上房去修屋顶。我被分配和王力先生在东门内锅炉房挑煤，王先生已60多岁，劳动仍极认真。事后王先生赠我一首诗。特抄录如下以为纪念：

搬煤运甓共双肩，
我已白头君壮年。
我自负轻君负重，
每怀高谊辄欣然。

我和王先生一同挑煤时，也曾请教他语言学问题，例如："革命"的出处。我对词源仍很感兴趣。王瑶学长虽常遭殴打，却从容不迫地抽他的烟斗。谢义炳学长安慰我，劝我乐观，说这种局面迟早会结束。我们在牛棚内经过8个多月，终于在11月上旬放回40楼西语系学生宿舍，继续劳动和改造思想。和我在一起的有朱光潜先生、郭麟阁先生、邓琳先生、徐继曾学友等。春节前，我们被放回家中与家人团聚。我们的欢乐不是用语言能够表达的。

在“复课闹革命”的口号下，北大的军宣队领导决定招收工、农、兵学员，我开始教海军学员。教学是在学员的宿舍里进行的。这些青年多半是农村出身，也有一些干部子女。我的任务是帮助学员自学，随时回答他们的问题。我印象较深的一位学员是陕西临潼人，他的英语语法学得较好，造句比较有把握。另一位是河南人，写作文颇有新意。我记得他在作文中说北京是一个消费城市：“Peking is a consumptive city.”我觉得consumptive用得不妥，请教英籍教师。他说：“Consumptive means ill.”我想起是“痨症”的意思。我教的空军快班学员有一定的英语基础。学员中成绩最佳者有空军司令之女刘园园和南昌船夫之子李细老。我备课认真，辅导耐心，同学感到满意。

在教育为无产阶级专政服务，与生产劳动相结合原则指导下，西语系大多数教师都去江西鲤鱼洲参加生产劳动，改造思想。领导我们的是8341部队的军宣队。有少数教师随着学生组成教改小分队，赴延庆县张家营公社，参加生产劳动，改造思想，其次是复课闹革命。我有幸被分配到这个小组。我参加英语专业一年级学生A班，与男生数人睡在一个炕上。每日早起，早餐后上后山打柴。同学们照顾我，让我只背少量柴草。山上风景很美，尤其是黎明时山呈紫色。复课闹革命是在吴大娘家，我和学生用英语对话，吴大娘听得很不耐烦，因此教学进行得并不顺利。

春节前夕，师生回到学校。当时星儿仍住在校内25楼，上北大附中一年级。我把他接回燕东园33号楼上，给他炖了一只鸡，因为他显得瘦了一些。述华也从山东回来，家人团聚过春节，享受到天伦之乐。

军宣队领导强调教育与生产劳动相结合，因此西语系师生前往昌平北大200号分校农场。这又是一种新的尝试。实际上，劳动的量太大，教学处于次要地位。法语学生用法语斗争地主，传为笑谈。地主不懂法语，但知道是在斗争他，吓得发抖。军宣队领导让教师学种菜。王式仁同志为周珊凤同志编了一首歌，唱的是“西红柿，真好吃！我们学着来种它”。我们和当地的农民联欢，我唱京剧《沙家浜》“朝霞映在阳澄湖上”，为大家凑兴。

军宣队领导又提出“开门办学”的口号。我和孙亦丽同志带着一个班的学生到首都机场实践这个口号。学生教机场人员有关民航的英语。我把给学生的课堂教学搬到机场来进行。我的教学法是先让学生自学，然后让

親愛的述华和星星：

这两天你们健康情形是否好轉，深念。我们领导上今天宣佈我们2月6日回校，全部结束，所以我们不久就可見面了。

2月6日

祝好

宁哥

爸爸手示

卅夜

他们来到我的宿舍，个别答疑。程度好的学生，如冯彬、谢立红，她们已能翻译英文小说。我就设法在她们的基础上进一步提高。对于程度差的学生，我着重为他们补英语语法，让他们练习造句，写简单的英文作文。我这种“个别辅导”的教学法，英文叫作“individual attention”，似乎颇见成效。

在机场，我结识了关肇洪同志。他是“两航起义”人员之一，上圣约翰大学。他的英语口语很流畅，熟悉机场用语。他的工作单位是天津张贵庄民航学校，被北京首都机场借调到京，一方面编机场用语英语教材，一方面指导机场人员如何实际操作。我们住同一宿舍，相互讨论一些英语问题。我结识的另一位是海关人员，复姓端木，上海人，上海海关学校毕业，英语口语也很好，这种“开门办学”我觉得有一定的好处，但对大学正式的教学与科研来说，似乎未能达到目的。

在另一个口号“教育必须与生产劳动相结合”的指引下，军宣队派我和其他几位教师到南郊红星人民公社与学生一同劳动，同时也对学生进行英语教学。教师和学生同吃、同住、同劳动。大多数学生都勤奋学习。但由于他们是工农兵学员，英语基础较低，实际上是高中水平。班上还有几位友邦进步人士的子女，与中国同学共同学习。有一位女生学了一句英语成语“in from one ear, and out of the other”（学了就忘），感到十分有趣。

打倒“四人帮”后，上面指示要翻译《毛泽东选集》第五卷为英、法、俄、西四种外文。我被抽调参加英译工作。我们住在华北饭店，我和北外周珏良学长同室。我每日早起，骑自行车从蔚秀园到华北饭店。八时开始工作，十时有半小时休息。十二时午餐，有午睡。下午二时开始工作，四时休息半小时，六时吃晚饭，饭后又骑车返回蔚秀园。如此日以继夜，颇为辛苦，但感到十分愉快，因多年未从事业务工作，如今有机会用英文服务，所以特别兴奋。当时领导英文组的人是浦寿昌同志（哈佛大学学经济，回国后任周总理翻译）和冯希濂同志（留美，学新闻学），还有裘克安同志（牛津大学学英国文学）。我所属的英文小组组长是中央编译局的女青年同志姜桂华（曾留英）。我们的工作方法是把《毛选》第五卷原文逐句译成英文。由我口译，小组讨论、定稿，由姜同志记录下来。我们小组的成员有北外陈琳同志、外交部王弄笙同志，还有一位生长在加拿大的华裔女青年林东宁同志。她父亲林先生，学生物，当年考取留英庚款，因第二次世界大战纳粹德国对英国狂轰滥炸，因此转往加拿大深造，后在温哥华的不列颠哥伦比亚大学任教授。小林是英语专业毕业，英文基础不错，可以算得上是半个专家。我们小组讨论得很热烈、愉快。我的口译稿多半被采纳。英文组水平最高的改稿人是清华十级政治系的方钜城学长。他出生在印度洋岛国毛里求斯，在香港受的中学教育。西南联大毕业后曾在印度加尔各答从事英文新闻工作。后去伦敦，在英国广播公司（BBC）工作。他的英文修养很高，是我国外文局公认的改稿、定稿专家。他曾改我译的一个标题“提高农业生产的必由之路”。我译为“The Only Way to Raise Agricultural Production”，他改为“The Way...”，显得更为精练。我还认识了法文组的何如先生，他是法语界公认的权威，南京大学教授。30 年代他在巴黎译的白居易《长恨歌》曾在法国轰动一时。

在此期间，大家私下议论，说邓小平同志将出来主持工作，拨乱反正。大家渴望国家有个稳定的局面。

狂风暴雨般的“造反有理”总算过去了。而在夜深人静时，回想那段历程，我禁不住怀念几位老同事，潸然泪下。在此写几段往事作为对他们的纪念。

“文革”期间，听到俞大絪先生服大量安眠药辞世的消息，我十分震惊，也非常惋惜。俞先生是庚款留英学生，在牛津大学读英国文学，英文造诣很深。她没有子女，把学生和青年教师看作自己的孩子，付出全副精力来培养。我对她深为敬佩。她热爱教学，亲手绘制英语语法图为教学使用。课余，她指导学生练习英语演讲。她帮助青年教师进修更是不遗余力。这样一位好老师在“文革”中受到残酷的迫害，被某些受她培养的青年教师贴大字报，诬蔑她是英语专业的“毒瘤”。她还被逼迫劳动。当时她已60岁，每天要走很长的路到学生宿舍报到、劳动。我记得在她自杀的前几天，曾来我家说她太累了。我未料到她竟服安眠药自杀。她丈夫曾昭抡先生是我国著名化学家，因被错划为右派去武汉大学劳动改造，不在她身边。这一对夫妇的命运十分悲惨，曾先生后来患白血病身亡。回想1965年在青岛海洋学院举办暑期英语教师培训班，我曾和他们夫妇住邻居，与他们多次交谈，深佩他们的为人和学问。曾昭抡先生虽然留学美国，英语发音却十分清脆悦耳。他喜欢英诗，曾向我建议让学生背诵一些英诗。我很赞成，因为我们也主张让学生背一些唐诗中的名篇，这有助于提高学生的文化修养。

“文革”中受迫害的同事还有吴兴华。他是杭州人，燕京大学英语系毕业。他的天赋很高，英文写作水平很好，1953年院系调整时，调至北京大学西语系。记得我们共同参加中共八大周总理“五年计划”文件的英译工作。遇到“长江是富饶的”一句时，他问我如何译。我说可否译为“the Yangtze is wealth-producing”？他认为不错。吴兴华自学意大利文和拉丁文，能读但丁《神曲》原文，曾在系里做《神曲》的学术报告，令我折服。许国璋学长认为吴兴华的英文比我们写得都好，我很同意。他过目成诵，对中国古典文学也很熟悉。解放前燕京大学原系主任哈罗德·谢迪克曾打算派他赴美国深造，他因患肺结核未能成行。这样一位才气很高的青年学者因被错划为右派，在“文革”中受迫害去世。这也是北大英语系的损失。

另一位令我难以忘怀的学长是盛澄华先生。他是一位好党员。“文革”中他站在正义和实事求是的立场上，贴大字报反对新北大公社聂元梓当权派的一些做法。我被打倒后，感到不知所措时，他来我家安慰我，给我温暖和信心，对我说：“要相信党，相信群众。”患难见真情，他的支持和安慰使我深受感动。我最早认识盛先生是1940年我在昆明清华大学外文系研究院当研究生的时候。他从法国留学归来，希望找到教书的工作。当时西南联大教法语的教师已有五位，吴宓先生推荐他去西北联大教书。他的教学任务包括用英语讲授“欧洲文学史”。我曾设法为他借了一本清华教授翟孟生写的《欧洲文学简史》。1950年我回到清华外文系教书的时候，他是系主任，对我很热情，鼓励我教好学生，同时又很关心我的健康。院系调整后，他来到新北京大学西语系法语专业讲授“法国文学”。他对法国20世纪小说家安德烈·纪德很有研究，曾翻译、出版纪德的作品。我准备用历史唯物主义观点讲授“外国文学”课，写了“论荷马史诗”的讲稿，他对文学理论很感兴趣，来到文学教研室参加讨论，给我的讲稿提出了很好的修改意见。

当时新北大法语师资队伍极强，法语水平很高。法语教授多半是北京中法大学或上海震旦大学毕业，随后到法国留学。盛先生是清华外文系毕业，先学英语，再学法语，但他不在乎别人的评论，仍努力教学和研究。他对人诚恳、坦率，喜欢与人辩论。“文革”中盛先生随大批教师下放江西鲤鱼洲劳动改造，突发心脏病，不幸过早地离开了人间。我始终怀念着这位热情、正直的学长。

第十一章

忙碌十年

英国考察

1977年，小平同志出来工作。他首先抓教育，恢复高等教育招生制度，培养建设国家的有用人才，使国家后继有人。此时述华从胜利油田归来。北京石油学院成立了文摘编辑部，她积极投入工作。星儿高中毕业后，在石油化工厂当钳工。他报名高考，选择了工科，因他自幼喜欢动手，爱好无线电。他考取了清华大学电子工程系，1977年入学。

1978年，我被任命为西语系系主任。高教部决定大学生要学好英语，派我和上海外国语学院秦小孟女士和北京外国语学院张载良同志赴英国考察英语教学和研究三周。我与西方世界隔绝已30年，十分闭塞，渴望吸收新的信息，以便借鉴，改进我国英语教学和研究。我1946年出国和1950年归国都是乘海船，这次出国是首次乘坐国际航班波音飞机。我们三人于11月初乘飞机赴伦敦，途径巴基斯坦的卡拉奇，极热，类似夏日的武汉。抵巴黎戴高乐机场后，转机飞伦敦希思罗机场，只需45分钟。英国文化协会派一名向导乔治·道格拉斯（George Douglas）来接，他是苏格兰人。

我们的考察安排是参观几所大学，观摩他们的英语教学，与英国专家、学者座谈，讨论如何改进教学，及一些旅游活动。我们首先访问了伦敦大学教育学院的威多森（Widdowson）教授，发现他们的英语教学法特别重视应用语言学（applied linguistics）的指导，强调学英语的目的性，提出English for a special purpose（特殊用途的英语），例如，科技英语、医学英语、法律英语，以及日常生活英语等。当我问及学英国文学时，他回答道："The language of literature is also a kind of English for a special purpose, i.e. for the study of literature."（文学语言也是一种特殊用途的英语，比如文学研究。）我听了这话很高兴，因为我一向重视对文学作品的语言特点进行细致的分析。威多森教授的话给我的教学实践提供了理论根据。学习文学首先要学习文学作品的语言，因此文学与语言学有密切的关系。新的观点是要用语言学的理论来指导研究文学作品的语言。西方国家大学里语言学系和文学系是两个分开的系，但是相互配合。研究语言理论要用文学作品的语言为例证，研究文学作品的语言也要用语言学理论为指导。目前我国高校外语系和语言系合为一系，这是有利的措施。

下一站，我们参观了英国中部的伯明翰大学。伯明翰是一座现代化的城市，在那里我第一次看到立交桥。我们在伯明翰大学旁听了为外国留学生开设的英语课程，课上重视听力训练和课堂口语能力，强调快速阅读和抓大意。他们将学生的潜在能力（competence）和实践的表现（performance）区别开来。这些学说都是新兴的应用语言学理论，有待于回国后的实验。我顺便拜访了该校英文系研究中世纪文学的谢帕德（Shepherd）教授，并和他座谈。他是研究中世纪英国文学的专家，熟悉我在耶鲁的导师迈纳教授的研究成果，我感到很亲切。此时王式仁同志正在威尔士一所大学进修，特来伯明翰看我，向我汇报他的学习和研究情况。他爱好英诗，并对语音很感兴趣。他的学习成绩不错，我也为他高兴。我在伦敦时，年轻助教姜望琪向我汇报他的研究情况。他对应用语言学很感兴趣。我意识到将来我国英语系的办学方针是文学研究和语言学研究并重，二者互相配合，可以取得过去没有过的研究成果。

随后我们访问了沃里克郡（Warwickshire）莎士比亚出生地埃文河畔斯特拉特福（Stratford-on-Avon）。接着访问了利兹大学，会见了一位译《洛阳伽蓝记》为英文的英国青年汉学家，并拜访了文体学家杰弗里·利奇（Geoffrey Leech）教授和语言学家坎特林（C. N. Cantlin）教授。钱锺书先生的女儿钱媛同志正在那里进修，师从利奇教授，研究文体学。当利奇教授问我在国内受过哪些教师的教导，我提了钱锺书先生和燕卜荪先生，并向他介绍当年学习的情况。利奇教授对燕卜荪先生的学问很佩服，他认为当年抗日战争期间，中国教育有这样高的水平，真是难能可贵。我从利奇教授那里得到启发，认识到文体学在语言学和文学研究之间起到的桥梁作用。文体学运用语言学的分析方法来分析不同文体的文学作品的语言特点和艺术技巧，使文学研究更加准确，更为科学。19 世纪的文学研究主要靠修养、阅历、审美本能和直觉印象，很少有客观标准。20 世纪的文学研究将成为一门科学，这是大势所趋。

我出国考察前，北大校长周培源先生托我带一对景泰蓝花瓶送给退休在剑桥大学的瑞恰慈教授。等我送花瓶到剑桥时，不巧瑞恰慈教授和夫人去美国接受Franklin Prize，由一位美国研究生替他们看门。我说明来意，该研究生说他将把这对花瓶摆在瑞恰慈先生的China Room（中国房间）里，好好保管。瑞恰慈曾于1929—1930年在清华大学讲学一年，1931年去美国任哈佛大学语言和文学教授。燕卜荪是瑞恰慈在剑桥的得意门生，曾在南岳、蒙自、昆明（西南联大时期）任教，使我们受到当时最好的教育。我们访问剑桥大学时，适逢燕卜荪在该校做关于克里斯托弗·马洛（Christopher Marlowe）的学术报告。我回伦敦后，就去他府上拜见，见到了他的夫人和长子。这时燕卜荪已留起胡须，对他教过的学生很亲切。从瑞恰慈和燕卜荪的学术实践来看，他们的研究方法也是把语言研究和文学研究结合在一起，使二者相互促进，取得文学研究以往所未得到的研究成果。他们对美国新批评学派显然有很深的影响。我在耶鲁时，同学听说我曾受业于燕卜荪，表示很羡慕。可惜我没有继承他的研究，而是钻故纸堆，走了另一条学术研究的道路。

我到牛津大学参观时，曾拜访英国汉学家大卫·霍克思（David Hawkes）。他用优美的英文散文译《红楼梦》，英文标题是 *The Story of the Stone*（《石头记》），受到各方面的好评。他在我国解放前夕，曾在北京大学中文系进修，受中国文化影响很深，文质彬彬，很像中国文人。

下一个访问点是约克大学，位于英国北部约克城。那是一个古香古色，保存着维多利亚时代古建筑的城市。不过这所大学很有革新精神，其特点是成立了一个包括世界各国主要语言在内的外语教学中心，为全校各系科服务。根据应用语言学的理论，开出数学英语、化学英语、医学英语、法律英语等。例如，数学系需要学波兰语，只要有五名学生就可以开课。同时也为各不同语种的文学系（法国文学，德国文学，俄国文学，古代希腊、罗马文学，中国文学，日本文学等）服务，例如，学生要学中国文学，该中心还能开出古汉语。我对此制度甚为赞赏。我国的大学公共英语（即大学英语）也应起到这样的作用。我回国后，曾向北大领导提出此方案，惜未能实现。

这次访问令人感到不足的是未能访问苏格兰的爱丁堡大学。该校的语言学和文学研究都是很出名的。我系著名学者朱光潜先生曾在该校访学。耶鲁大学英语系女教授玛丽·博洛夫（Marie Borroff）曾在该校研究语言学理论。该校以前的文学专家乔治·森茨伯里（George Saintsbury）和格里尔森（Grierson）都是世界知名的学者。

随后我们去英国南部城市巴斯，参观了所谓的开放大学（Open University）。这所学校面向社会，类似我国后来设立的电视大学。该校赠给我们一套英语系的语言和文学教材，甚为完整、成熟。

我校接受英国文化协会赠送的价值 200 英镑的有关英国语言、文学的新书。我在牛津大学附近的书店为我系选购了进行文学和语言研究必不可少的工具书、参考书和名著精本。这是我系图书馆改革开放以来所增加的最早一批新书。

学术活动和人才培养

1978 年冬我自英国考察归来后，开始了十年繁忙的英语教学、科研和社会活动。11 月在广州召开中国外国文学学会成立大会，由社科院外国文学研究所所长冯至先生牵头，参加的人来自全国各地，其中知名的人有朱光潜、梁宗岱、陈嘉、季羡林、杨宪益、叶君健等，王佐良学长和我也参加此会。冯至先生让我在会上报告赴英考察所得到的有关西方文学研究的新动向和新信息。由于刚刚改革开放，与会者对我的发言表现出极大的兴趣。我主要谈语言学研究的理论和方法如何影响了文学研究，也介绍了莎剧演出的新动态，例如，演员穿新式服装；演《威尼斯商人》，使安东尼奥和夏洛克互相和解，等等。

在这次会上，由冯至先生发起，由陕西师大教师马家骏同志起草，上书全国政协主席乌兰夫同志为吴宓先生平反。吴先生在“文革”期间受到残酷迫害，以致腿断、失明，悲惨去世。吴先生一生都奉献给外国文学教学、研究和翻译事业，桃李满天下，是创业一代的杰出代表。

也是在这次会上，中央编译局姜椿芳同志来宣传编辑《中国大百科全书》的迫切需要。与会同志积极响应，大家分配了撰写外国文学作家和作品的条目。这也是一件大事。在冯至会长主持下，大家分配了任务。陈嘉先生、王佐良学长、杨周翰学长和我分领了英国文学的条目。后来在姜椿芳同志的召集下，我们开了几次讨论会。由于大家都很热心，工作进行得相当顺利。季羡林先生和许国璋学长主持语言学分卷的工作，保证了质量。姜椿芳同志精力过人，他几乎参加了每一分卷的讨论。我看了“中国文学”分卷的内容，觉得编得很好。

英国有《不列颠百科全书》（*Encyclopaedia Britannica*），法国有《拉鲁斯大百科全书》（*La Grande Larousse*），苏联有《大百科全书》。这些辞书都是世界驰名。我国现在也有了《中国大百科全书》，希望继续不断地增加新内容，跟上时代。

我从广州回京后，极力推动招收硕士研究生的计划。英国语言、文学方面，副系主任罗经国同志对我帮助很大。1978 年开始招收第一批研究生。这时“文革”当中毕业的北大英语系毕业生纷纷写信给我表示愿意应考。他们大多数都下放在边远省份或山区，如韩邦凯在青海教书，韩敏中在浙江山区教书，袁明在陕西临潼铁道中学教书，等等。另外，还有北京外国语大学、南京大学、北京国际关系学院、东北大学等校的毕业生。最令我惊异的是成都自学成才的青年张隆溪。他是老三届高中毕业生，下放在农村，自己读英文《圣经》，又把元曲译成英文，幸遇四川大学英语系教授谢文炳先生借书指点，又经四川文联主席、西南联大中文系毕业生马识途推荐给北大历史系总支书记许世谦（南开中学和西南联大历史系毕业，曾上过我教的“第一年法语”）。许同志把张隆溪译的作品拿给我看，问是否能达到北大英语系硕士研究生的标准，我看后，立即鼓励他报考。他那年32岁，考试成绩在第一次录取的12名硕士生中名列第一。这些研究生多半是“文革”期间受到各种磨炼的同志，比较成熟，对回归专业研究抱着极大的热情。第一名自学成才的张隆溪，由杨周翰指导，研究莎士比亚。第二名韩敏中，北大毕业，由我指导，研究乔治·艾略特及19世纪英国小说。第三名牛抗生，由杨周翰指导，研究弥尔顿（偏重时代背景）。第四名胡家峦，由我指导，研究弥尔顿（偏重语言特点与艺术性）。这些同志在学术上都各有成就，成为骨干力量。

英语系请来一位美国女教师布丽吉德（Miss Brigid）教77级本科快班。她教“美国小说”，学生进步很快。杨周翰学长和我指导硕士研究生，为他们开课，并指导硕士论文。我开两门课：一门是“英国文学史”，另一门是“英国文学选读”。随后，我为研究生开设“莎士比亚”“英语史”“拉丁文”等课程，希望他们打好扎实的英语语言文学基础。此外，我还指导了工农兵学员李细老、谢力红和77级学生周小英等写英语语言方面的硕士论文。先后共指导了14名硕士研究生。

张隆溪取得硕士学位后，北大哈佛燕京学社资助他去哈佛大学英文系读博士学位。他的兴趣在比较文学和文艺理论方面。获得博士学位后，他用英文写了一本论老庄哲学“道”的书，在美国出版。后受聘于加州大学河滨分校，讲授“文艺理论”。后来去香港城市大学教书，很受学生欢迎。

我另一方面的学术活动是邀请国际知名学者来我系做学术报告，开阔我系师生的眼界。每次都由我主持，引导学生提问。计有：伦敦大学英语系教授夸克（Randolf Quirk），牛津大学哲学系教授兼小说家艾丽丝·默多克（Iris Murdoch），牛津大学出版社辞书部总编辑、英语专家伯奇菲尔德（Robert Burchfield），瑞恰慈教授等。夸克教授认为英国英语和美国英语之间的区别随着时间的推移，日益缩小，实际上已产生了一种共同的国际英语，为各国所用。但伯奇菲尔德强调英、美各自的口语和俚语之间的区别日益扩大，以至于英语和美语成为两种不同的语言，但伯奇菲尔德强调的是英、美小说和戏剧中口语和俚语的明显区别，使两种英语成为不同的语言。我比较倾向于夸克的看法。夸克告诉我，50年代初他和坎特林教授曾去耶鲁英文系进修，结识了以前曾教过我的瑞典语言学家海尔格·科克里茨教授。我记得科克里茨教授正在编写《莎士比亚读音字典》，这是他毕生的心血。夸克告诉我说，50年代该字典出版后，美国同行对此书表示赞赏，而英国学者却持不同意见，认为证据不足。夸克说："That book killed him."（这本书要了他的命。）我的老师经不起这个打击，郁郁不乐而故去。我听了深为叹息。

牛津大学女教授艾丽丝·默多克在她的演讲中有两句名言，给我留下了深刻印象。一句是"art lives on art"（艺术需要艺术来营养），说她自己写小说需要经常阅读18和19世纪英国小说名著。另一句是"literature is a continuous story"（文学是一条源源不断的长河），她要经常想到西方文学古往今来的传统，把自己的作品放在此传统中，加以比较，继承而又创新，才能检验自己作品的价值。这两句名言对创作和文学评论皆有帮助。

当我系一名英语文学、语言研究生对我说：他自己只对当代美国文学感兴趣，要求不学英国文学的古典作品时，我坚决不同意。我说："美国文学的根源是英国文学。你若学中国文学，岂能只学'五四'以后的新文学，而把历史悠久的中国古典文学置之不顾？"我把"英国文学史"和"英国文学选读"定为研究生必修课，并且把"世界文学名著"也定为必修。这个主张得到同事们的支持，因此在北大西语系始终贯彻。

瑞恰慈和燕卜荪二位批评家对我国外语教学和研究事业起了积极推动作用，使文学研究更加科学，更为客观、具体。他们同时也激发了外语系学生借鉴外国诗歌技巧来创作我国的新诗，如穆旦、杜运燮、袁可嘉等人的作品。

英语作为国际通用的语言，也受到语言学家的关注。奥格登（Ogden）和瑞恰慈选出 850 个最常用的语词，名之为"基本英语"（Basic English），希望在全世界推广。据说，第二次世界大战期间，英国首相丘吉尔和美国总统罗斯福都支持这种简化英语。基本英语利用 850 个单词来表达英语各方面的事物，简单易学。瑞恰慈另一方面的影响是在我国推广基本英语，并和清华美国籍教授翟孟生和罗伯特·温德成立了“正字学会”（Orthographical Society）。瑞恰慈在哈佛大学曾教过我国英语界前辈水天同和吴富恒两位先生。他们回国后为推广基本英语做了许多工作。水天同在清华开设“英语捷径”，为英语基础较差的蒙古族、藏族同学讲课，收到一定效果。清华外文系的翟孟生和罗伯特·温德教授也帮助编写教材，并译世界文学名著为基本英语。抗日战争开始后，燕卜荪从东京大学讲学结束后来到湖南南岳长沙临时大学讲课。他也协助瑞恰慈推广基本英语。美国洛氏基金会人文科学研究所也曾资助此事。

前文提到，我访英之前，北大校长周培源先生托我带一对景泰蓝大花瓶送到剑桥瑞恰慈教授府上，并邀请他和夫人来北大讲学。我回国后，周培源校长让我再发出邀请，终于瑞恰慈夫妇第七次访问中国。他们对北大的校园有印象，因为他们曾访问过燕京大学。瑞恰慈讲的题目是“First Step to English”（英语学习第一步），仍宣传基本英语。山东大学校长吴富恒先生曾在哈佛上过他的课，回国后也曾在他的正字学会工作过，得知他来北大讲学，特邀他和夫人去济南和青岛一游。瑞恰慈年事已高，由于过度劳累，从山东回京后即患病。北大特请协和医院一位医师护送他乘飞机回英国，还请北大英语系一位女青年教师任翻译。瑞恰慈回到剑桥，不久就病故。我系温德教授是他的好友，写了一份悼词，发往剑桥，代表他个人和北大对瑞恰慈的哀思。

国务院学位委员会计划设博士学位。第一批外国语言文学方面的博士生导师，经过选举，推出社会科学院冯至（德语）、卞之琳（英语）、罗大冈（法语），南京大学范存忠（英语）、陈嘉（英语）、何如（法语），北京外国语学院王佐良（英语）、许国璋（英语），中山大学戴镏龄（英语），广州外院梁宗岱（法语），北京大学朱光潜（美学和文学）、杨业治（德语和希腊文、拉丁文）、杨周翰（英语）和李赋宁（英语）。

1980年中国外国文学学会在成都金牛坝举行第一届年会。会长冯至先生让我在会上做“什么是比较文学？”的学术报告。这是最早把比较文学的理论和方法介绍给我国学术界的一次活动。季羡林先生召集杨周翰学长和我成立北京大学比较文学研究会。我向大会介绍哈佛大学比较文学系的课程设置和白璧德先生的贡献，以及我

未名湖畔留影，从左至右为黄继忠、李赋宁、杨周翰。

国比较文学的先驱者之一吴宓先生在这方面的成绩。后来在上海还成立了全国的比较文学研究会。

1981年在广州白云山的广州外国语学院召开中国英语语言学研究会，我前往参加。与会者还有南京大学陈嘉先生、四川大学谢文炳先生、北外许国璋学长等。我参考了乔姆斯基的新语言学理论，向大会做“英语的结构”学术报告，受到好评。这篇报告后来发表在上海外国语学院主办的《外国语》刊物上。我有意识地把国外文学和语言研究的一些新理论和新方法引入我国高校外语教学和研究中，高教部外语司大力支持我这样做。

同一年，西安外国语学院孙天义院长邀请我去该校讲学，我欣然前往，因为西安毕竟是我的家乡。我主要讲如何学英语，如何教英语，以及如何进行英语文学和语言研究。这些报告后来由陕西人民出版社收集起来，定名《漫谈英语学习》付梓出版。

我为英语系研究生开过以下课程：1. 英国文学史；2. 英国文学选读；3. 英语史；4. 莎士比亚；5. 拉丁文。我讲课常被作品内容所感动，带着感情讲授。例如，讲查尔斯·兰姆的《梦中儿女》时，激动得声泪俱下，学生也被感动。我教“英语史”，要求学生读古英语、中古英语和早期现代英语，要学会读音，并能译成现代英语。我教拉丁文，要求学生注意读音，做笔头翻译练习（拉丁文与现代英语互译）。总之，我对研究生提出“高标准，严要求”。我那时的教学积极性很高，与同学教学相长，其乐无穷。

下一步，我开始指导研究生进行科研，写硕士论文和博士论文。现把五名博士生的情况介绍如下：

1. 沈弘：论文题目为《弥尔顿笔下的撒旦及其英国文学传统》（Milton's Satan and Its English Literary Tradition）。此论文企图把撒旦形象溯源到古英语文学作品，因此要求研究生能够阅读古英语。我在耶鲁访问时认识了牛津大学古英语教授，因此有机会推荐沈弘去牛津学习一年，并为写论文搜集资料，查阅文献。他充分利用了这个机会。一年后，他回国完成了论文。这是新中国成立后英国文学博士论文中最早的一篇，写得比较充实，立论比较公允。

2. 辜正坤：该生中国古典文学很有根基，四川人，毕业于四川师范大学。他考取我系硕士生，毕业后，报考我系博士生，希望研究比较文学。他对元曲很感兴趣，曾译若干首元曲为英诗。由于杨周翰学长指导研究生负担过重，副系主任罗经国同志希望我来指导。我同意指导，但我希望辜正坤研究莎士比亚。他于是研究《哈姆雷特》，用的是弗洛伊德的观点。我对此观点并不赞成，但他说他有些新的看法。经过三年研究，他完成了他的论文。在论文答辩会上，我请了北大心理系一位对弗洛伊德学说很有研究的教授来问他问题。结果他的论文顺利通过。辜正坤留在北大教大学英语。后来他有机会去巴黎联合国教科文组织办事处任翻译工作一年。他在巴黎搜集了许多研究莎士比亚的参考书和资料。他回校后，也为本系开文学课程。

沈弘与辜正坤后来都被批准为北大英语系的正教授、博士生导师，二人皆有一定的成就。

3. 袁宪军：本科毕业于河北师范大学英语系，随后考取复旦大学硕士生，研究 19 世纪英国浪漫主义诗歌。我指导博士生的研究范围是中世纪和文艺复兴时期英国文学，因此他选了论文题目《乔叟〈特罗勒斯与克丽西达〉中的神圣爱情与世俗爱情》（Divine Love and Secular Love in Chaucer's *Troylus and Cryseyde*）。他的论点是：乔叟更看重世俗爱情。他的论文后来由北京大学出版社出版。后袁宪军在北京第二外国语大学任英语系正教授，并指导硕士研究生。

4. 刘迺银：苏北人，本科毕业于南京师范大学英语系。他对文艺理论有兴趣，和我商量博士论文题目。我建议他尝试用米哈伊尔·巴赫金（Mikhail Bakhtin）的理论解释乔叟的《坎特伯雷故事集》。他思想细密，勤奋好学。经过三年的钻研，不断与我讨论、修改，终于写出了一篇比较满意的论文，获得了北京大学优秀博士论文奖。英语系专业英语教师名额已满，欲聘他教大学英语，他不愿意。我推荐他去北京师范大学英语系教书。由于他的妻、女都在南方，北京难以解决户口问题。我又推荐他到上海华东师范大学教书。由于他的教学和科研成绩很好，华师大英语系提升他为正教授、博士生导师。学校又给他机会去牛津大学学习古英语，培养他为中世纪英国文学研究人才。

5. 黄必康：他是我指导的最后一名博士生。云南人，毕业于云南师范大学英语系。考取兰州大学英语系水天同教授的硕士研究生，研究莎士比亚。水先生是兰州人，清华旧制毕业，留美，在哈佛大学跟随瑞恰慈教授学习。水先生回国后，在北京为瑞恰慈成立正字学会，推广瑞恰慈和奥格登发明的基本英语。新中国成立后，水先生受聘为北京外国语学院英语系教授兼图书馆馆长，后被错划为右派，回到兰州，兰州大学聘他为教授。黄必康就此成为水先生的硕士研究生，研究莎士比亚的政治思想。

黄必康在去兰州大学攻读硕士学位以前，曾去新加坡进修九个月。他来北大英语系攻读博士学位，由我指导。我同意他继续研究莎士比亚的政治思想。经过三年的勤奋钻研，他获得了博士学位，留校在大学英语教研室工作。数年后，他被提升为大学英语教研室主任。他升正教授以后，以富布赖特高级访问学者的身份赴美国从事为期一年的研究。

我要求博士生写论文必须有翔实的论据，足以说服人。文章要简洁、明晰。参考书目要详细，但又有选择。我对他们的文章不厌其烦地加以修改，力求正确、无误。

80年代后期，我请到耶鲁大学英文系女教授玛丽·博洛夫来我系演讲。她讲了两个题目：一个有关中世纪英国传奇，另一个关于20世纪美国诗歌。由于她本人也是诗人，第二个演讲大受欢迎。我系的青年人对美国文学更感兴趣，只有少数人更重视英国古典文学。其实，二者不可偏废。

我请来另一位耶鲁大学英文系女教授多萝西·梅特

利茨基（Dorothée Metlitzki）。她通晓多种外语，包括希伯来语和阿拉伯语，研究的成果以《中世纪英国文学中的阿拉伯文学传统》为代表。由于她讲的内容太冷门，真正受益的人不多。以上两位女教授的演讲大约是北京大学英语系和耶鲁大学英文系之间最早的学术交流。

雅礼学会（Yale-China Association）每年都要选派耶鲁英文系毕业生到长沙雅礼中学教英语。我在耶鲁结识的英文系毕业生吉姆·巴斯（Jim Bass）不幸落选，求助于我，因为他渴望来中国学中文。我把他推荐给西安外国语学院孙天义院长。吉姆在该校教了一年，和中国学生打成一片，中文有很大提高。他的教学效果也很好。学生的听、说、写、读都有颇大的进步。我去西外讲学，和他见面，十分高兴。我是陕西人，对家乡的教育事业有些帮助，心里也感到高兴。吉姆后来去台湾学中文一年。回美后，改学法律，在西部斯坦福大学学习，认识了北大物理系饶毓泰先生的外孙女赵虹，后来结为夫妻。吉姆后来曾来北大讲授经济法一年，也算是北大与耶鲁和斯坦福之间的交流。

1986 年暑期，述华和我从康奈尔大学访学归来。1987 年我满 70 岁退休，由胡壮麟同志接任英语系系主任之职。我仍担任研究生导师指导论文，为研究生开课，主持中外学者来我系做学术报告，担任中国外语教学研究会副会长、第一届博士生导师评议会成员等职务。在这期间，我仍为研究生讲授“英国文学史和选读”“英语史”“拉丁文”“莎士比亚”等课程，和学生共同讨论问题，感到十分愉快。我还写过几篇论文，如《英语的结构》《论西方文学》《刘易斯之歌》《中世纪英国散文家沃尔特·马普》等，评译过《德·昆西论〈麦克佩斯〉剧中半夜敲门声》等。

西南师大为吴宓先生平反后，陕西师大为纪念陕西省文化名人，曾数度举行吴宓先生学术思想研讨会，述华和我也去参加研讨会。我在会上的发言后来写成书面稿加以发表。我介绍吴先生融会中西文化，并把比较文学理论和方法引入我国的影响和贡献。我们曾到吴先生的家乡泾阳安吴堡吴先生坟上致敬，寄托我们的哀思。

温德教授

1987年秋，敬爱的温德教授辞世，享年百岁高龄。他是一位对我国外语教学很有贡献的美国友人，我们应该怀念他。他祖籍法国的阿尔萨斯－洛林（Alsace-Loraine），移民美国。他在美国中部瓦巴什学院（Wabash College）上大学，毕业后在芝加哥大学研究院读法国文学系，获硕士学位。随后去法国留学，毕业后回到芝加哥大学任法文系副教授。他热爱艺术，常去美术馆欣赏名画。在那里他认识了时在芝加哥大学研究美术史的闻一多先生，二人谈得很投机。温德渴望到中国教书。闻先生把他推荐给在南京东南大学外文系任教的吴宓先生，于是温德来到东南大学和吴先生同事。随后闻先生也到东南大学任教。清华学堂改为国立大学后，他们三人都到清华大学教书。温德和吴宓共同参考哈佛大学和芝加哥大学的外文系教学计划和课程设置，制定了清华大学外文系的培养方案和课程设置，使清华大学外文系在 30 年代培养出杨业治、钱锺书、曹禺、张骏祥、田德望等学者和戏剧创作、导演人才，也为西南联大，为解放后的清华大学、北京大学外语系打下了基础。

温德先生热爱教学，热爱学生。他在清华大学外文系教“三年级英语”“第四年法语”和“文艺复兴时期欧洲文学”。他爱好绘画和音乐，业余为学生开讲座，利用幻灯片和唱片说明文艺复兴时期意大利名画的特点和18、19世纪欧洲古典音乐的特色。他曾去北戴河避暑，为一青年渔夫写生，这幅画就挂在他的卧室里，我曾在他家见过。当年在北京清华大学教书时，温德先生住在城里。他的住宅据人家说闹狐仙，温德先生特地买了一只狐狸作为宠物。后来在昆明，他养猫，有一个时期还养了一只猴子。总之，温德先生热爱生活，对许多事物都感兴趣。你听他谈话真是一种享受，他的英语极清脆悦耳。他说：知识分子谈话，往往做出一些规律性的评论，他就是这样做的。但他也爱说笑话，常讲一些趣事和逸闻。他的祖上都信天主教，但他对天主教特别憎恨，他说自己是一个无神论者（atheist），只相信科学。

我初识温德先生是在清华上大学一年级时。在英语晚会上，有几个女同学把会上没有吃完的梨放在口袋里。吴宓先生看见温德先生和女同学说笑，过来问："What's the joke?"温德先生笑着说："Young ladies are putting pears in their pockets."悦耳的英语和和蔼可亲的态度给我留下了美好的回忆。我在清华上大一和大二时，没有机会上温德先生的课，因为他的教学任务是"三年级英语"（讲罗伯特·勃朗宁的诗）、"第四年法语"（讲

20世纪法国小说）和“文艺复兴时期欧洲文学”。

抗日战争爆发后，清华南迁长沙，温德先生留在北平护校。“珍珠港事件”后，美国对日本宣战，温德先生才来到昆明西南联大，从此开始了我和他的交往。

我在昆明读清华研究院时，经常旁听温德教授的“英诗”和“莎士比亚”课。我以前对英诗的轻重节奏不甚了解，因为中国诗以押韵为主。温德先生特别强调英诗的轻重节奏所产生的音乐效果，使我开始体会到英诗的声音之美。我以后教英诗时也强调英诗的声音之美。温德先生的“莎士比亚”课教得极为生动。他能表演剧中的每一个重要角色。他讲《李尔王》和《麦克白》，其效果简直像在上演莎翁的悲剧。我先后听过燕卜荪教授、耶鲁的麦克教授和普劳蒂教授的“莎士比亚”课，各人有各人的教法。但是温德先生的“莎士比亚”课最为生动、感人。

1942年，我被提升为清华大学外文系专任讲师，迁入北门街71号清华大学教授宿舍。那原是唐继尧的戏楼。温德先生的房间在戏台的右上侧，吴宓先生的房间在左上侧。1944年，吴先生去成都燕京大学讲学，托我为他看守房间，正好在温德先生隔壁。温德先生有一台功力很强的无线电收音机，经常收听 BBC 的新闻广播。我有一次听到英国首相丘吉尔对英国人民的讲话，十分震撼人心。温德先生爱好古典音乐，经常播放莫扎特、巴赫、贝多芬、舒伯特的名曲，我也因此大饱耳福。

温德先生正义感很强。昆明学生反对国民党独裁，反内战，反饥饿。云南省警备司令关麟征杀害了四名学生，温德先生极为愤怒，特请 Rose 熊女士（熊希龄之女）为他做翻译，前往关麟征司令部去说理。因他是美国人，关接见了他，对他十分客气。温德先生痛恨国民党政府专制、独裁，压迫人民，迫害进步师生。他努力保护他们，使他们平安到解放区去。他和闻一多、张奚若等进步教授结下了深厚的友谊。

在解放初期，温德先生曾讲授马克思主义文学理论一年，受到学生的欢迎。我回国后，不久朝鲜战争爆发，国内掀起抗美援朝运动，温德先生是美国人，受到歧视，被剥夺了教书的权利。他的日子愈来愈不好过，但他决心与中国人民同命运，仍坚持留在中国。1950 年圣诞前夕我去看他，他说印度有朋友曾邀请他过去，但他决心不离开中国。

1952 年院系调整，温德先生和我们一同来到新的北京大学英语专业。学校当局给他外国专家待遇，在朗润园为他盖了一座平房，使他能够继续为英语专业工作。但是他被剥夺了面对学生的课堂教学，这对他来说很不习惯。但他可以帮助青年教师进修，他全神贯注地为青年教师讲课，我系的几位教授都得益于他当年的谆谆教导。此外，他为纠正英语语音、语调编了一套教材，用图表标明语调的轻重和长短，至今仍很有用。他为教学服务的另一个例子，是为我教的英语精读课五年级选文莎士比亚《麦克佩斯》中麦克佩斯和夫人的对话录了音。他用不同的声音模仿两个演员的对话，十分传神。这份录音材料是非常宝贵的。

年事已高的温德先生重视保健。他骑自行车去颐和园，到昆明湖里游泳。他的绝技是浮在水面吸香烟，引得许多游客对他大加赞赏。温德先生注重营养，自己调配一种强化牛奶（fortified milk），他认为非常滋补。他常看有关营养的书，自己也根据科学原则写了一本营养书，供大家参考。

温德先生享受外国专家待遇，工资略高于一级教授，而苏联专家享受的却是更高的待遇。事实上，他的学识和经验远超出苏联专家。我系副系主任齐声乔同志曾努

与温德先生合影，摄于北京大学朗润园温德先生家中。

力为他争取苏联专家待遇，惜未成功。

“文革”期间，温德先生受到更大的伤害。他被抄家，隔离审查。直到“拨乱反正”，周培源先生任北大校长，温德先生才得安稳生活。他在中国任教60多年，是我们真正的朋友，为我国培养了许多杰出的外语人才，他的贡献值得我们尊敬和感念。周培源校长为他庆贺了100岁生日，两周后他便离开了人间。他的母校瓦巴什学院有一位英语教授来到北大任教，带来了母校给温德校友的荣誉。那位教授在北大搜集材料，准备为温德先生写传[1]。我认为我国人民一定要记住温德先生对我国外语教育事业的功绩。

1 此处提到的这位教授是波特·斯特恩（Bert Stern），他撰写的《温德先生》中文版2016年由北京大学出版社出版。

第十二章

海外访学

重返耶鲁

1980年我侄子李昌（三哥赋林的儿子）从美国归来探亲。李昌学的是图书馆专业，是纽约市立图书馆斯塔滕岛（Staten Island）分馆参考部主任。我介绍他会见北大图书馆副馆长梁思庄先生。梁先生请李昌向图书馆人员介绍美国图书馆的新设施，大家感到好奇和有趣。

我和李昌谈我离开美国已30多年，很想有机会再去看看，同时也想回耶鲁完成我的博士论文。李昌答应帮助我联系。我于是写信给卜德尔先生，交李昌带回美国。不久后，我收到卜德尔先生回信，说他已退休12年，因此把此事转托弗雷德·罗宾逊教授。罗宾逊又和雅礼学会的主持人约翰·斯塔尔（John Starr）接洽。斯塔尔来北京与我商量，说他的机构愿意资助我和夫人访问耶鲁一年，于是我和述华于1981年秋赴美。我们乘日航经上海、东京，直飞纽约。

我们抵纽黑文后，斯塔尔先生介绍我们住在耶鲁政治系副教授薇薇安·舒尔（Vivian Shue）家中，免房租，每月只需出水电费75美元。舒尔女士研究中国农村经济问题，赞成中国的社会主义。她想和我们练习普通话，约定每日晚餐时练习。她和我们隔日准备晚餐。她丈夫亨利·舒尔任职于马里兰大学，住在首都华盛顿的公寓里。每日晚饭后，她和亨利通长途电话，声音很低。当时我和述华不知有方便的长途电话，以为她在楼上自言自语，或与猫谈话。后来才弄明白，我们真是乡下佬。她和亨利隔周会面一次，她去华盛顿，或亨利回纽黑文。薇薇安不在的时候，我们替她喂猫（共两只），清理猫粪便，也是生活中的新经验。

耶鲁大学研究生院英文系主任请俄籍女教授多萝西·梅特利茨基指导我的博士论文。在过去30年，这个领域积累了大量的新研究成果，必须参考。我每日都在斯特林纪念图书馆的书库里查书。述华利用此机会为指导研究生查阅资料，并旁听研究生化学课。当年在耶鲁常来往的学建筑的邬劲旅（King Louis）学长已升任为教授，对我们很关心，并介绍我认识英文系几位名教

1981年李赋宁教授与西南联大学友《未央歌》作者吴讷孙（左）合影，摄于纽黑文。

授。王浩和他后娶的妻子陈幼石也来纽黑文，为我们宴请英文系若干知名教授和夫人，给我们创造了不少了解美国知识分子家庭生活的机会。例如，英文系尤金·韦斯（Eugene Waith）教授请述华和我在他家便宴。他的夫人身着红色绣龙的衣裳，表示对中国客人的尊敬。她不止一次地提到“我那在加州的兄弟”（my brother in California），流露出对亲人的思念。她家中的餐具小巧玲珑，十分典雅。邬劲旅学长也为我们宴请英文系名教授夫妇，述华也曾回请，增添了不少生活乐趣。

当年我博士综合考试的考官梅纳德·麦克教授在英文系讲演，谈耶鲁英文系的传统，我去旁听，并上前向他问候，他仍记得我。我说当年他买了一辆新车，英文系奔走相告：“麦克先生买了辆新车。”（Mr. Mack has bought a new car.）因为当时教授自己开车的人极少，他是开风气之先者。当时，卜德尔教授骑自行车，迈纳教授或乘公共汽车，或乘出租车。

我于1950年离开耶鲁，30年后重返，发现变化甚大。耶鲁的本科已变成男女生合校。回忆当年我在耶鲁读研究生时，只有研究生院有女生，而本科只招男生。当时一般的意见是男生必须在本科打好比较全面的文理基础，到了研究院才集中研究一个专业。

与30年前相比，师生的衣着比较随便，互相称呼不再加Mr.或Ms.。老师称学生的名字（first name），如Bill, Bob, Al等。我旁听弗雷德·罗宾逊教授的“古英语”课和梅特利茨基教授的“中世纪英国文学”课。有时和英文系同仁共用午餐，借此机会切磋研究心得，学习他们的研究方法。

弗雷德·罗宾逊教授为研究生开的“古英语”课，用的是一本新教科书《古英语入门》（*A Guide to Old English*），是他和牛津大学布鲁斯·米切尔（Bruce Mitchell）教授合编的，恰好米切尔教授正在耶鲁访问，我有机会认识了他。他赠我一册这本新教科书。回想30年前罗伯特·迈纳教授教我们“古英语”时，用的是耶鲁第一任古英语教授库克（A. S. Cook）编写的古英语教科书，内容很简单。30年后，米切尔和罗宾逊合编的古英语教科书要详细得多。由此可以看出西方学术界的进步。

回想我1949年圣诞节前曾到北卡罗来纳大学访问。那里气候温暖，风景美丽，颇似昆明。该校的古英语教学也源于德国传统。弗雷德·罗宾逊是该校培养的。康奈尔的罗伯特·卡斯克教授也是那里培养的。虽然该校在美国名牌大学中排名并不靠前，但其英文系的确水平很高。当梅纳德·麦克教授得知我在北京大学任英语系系主任时，他很高兴，认为他的学生有出息。他赠我他写的研究莎士比亚悲剧的新书，一本是《哈姆雷特的世界》(*The World of Hamlet*)，另一本是《李尔王的世界》(*The World of King Lear*)。我以前曾听过他给本科生讲“莎士比亚”，十分精彩。他重视作品的深刻意义，他的研究方法值得认真学习。

耶鲁对本科生的教育极为重视，请最有经验的教授教本科生。我还见到了我曾旁听过课的捷克籍教授勒内·韦勒克，他为耶鲁开创了比较文学系。我和述华在梅特利茨基教授家中遇见了他，我向他致意，他对我仍有印象。

耶鲁大学英文系变化很大。30年前没有女教授，这次重返耶鲁，认识了两位女教授。一位是玛丽·博洛夫，另一位是梅特利茨基。博洛夫毕业于芝加哥大学英文系，受的是新批评学派的训练。后到英国爱丁堡大学读研究院，研究英语史和语言学。据说她是耶鲁聘请的第一位女教授。我曾请教她如何教英语史。她举了一个例子：英语 tree 和 true 同源，因为树很坚固、可靠，对我颇有启发。她也教过“古英语”，并研究中世纪英国文学。同时她又是一位诗人，写的新诗颇有名气。她的治学实践熔新旧学问于一炉，这是耶鲁大学英文系以往绝无仅有的例子。博洛夫终身未婚，退休后仍住在纽黑文，每年暑期她去缅因避暑，在那里有一所小别墅。

另一位女教授多萝西·梅特利茨基出身帝俄贵族家庭。十月革命后她随父母先到德国上文理高中，打下了语言和文学的扎实基础。希特勒上台后，由于她父母是犹太血统，担心受迫害，移居英国。她在伦敦大学读英国文学，师承钱伯斯（R. W. Chambers）教授。后来她又来到美国，在加州伯克利大学读美国文学，获博士学位。博洛夫曾说梅特利茨基是耶鲁女教授中最博学的人。她嫁给一位埃及考古学家，后离异，和女儿住在一起。

我和述华在耶鲁只住了一学期。我的博士论文尚未完成，但已获得不少新的学术信息。

30 年前，美国社会治安尚好。这次访美，一日傍晚我和述华步行回住处，行经黑人区，有两名十七八岁黑人青年突然抢走述华的手提包。述华吃了一惊，我急追上去，想夺回皮包。述华急止住我，怕不安全。手提包中只有十几元美钞。但是述华的眼镜和辛辛苦苦抄录下来的研究资料却是莫大的损失。韦斯教授听说后对此事很气愤，认为是美国的耻辱。梅特利茨基教授说她从俄国带出来的祖传首饰也曾被盗去。美国社会的确很不安全。雅礼学会资助述华另配一副眼镜，使她能继续查阅资料。

快过圣诞节了，薇薇安说她父母将来纽黑文和她及亨利共度假期。她建议述华和我去首都华盛顿，暂住亨利的公寓中，可以游览首都名胜古迹。这个建议深合我心，因为我的学生龚景浩夫妇也约我们去华盛顿玩，于是我们在圣诞节前夕乘火车经纽约、巴尔的摩、宾夕法尼亚州抵达华盛顿。亨利来接，把我们安顿在他的公寓里，随后即回纽黑文过节。

述华和我在华盛顿非常愉快地过了一周。龚景浩夫妇为我们做导游，参观了白宫、国家图书馆、天文馆、美术馆，还浏览了美国各州所装饰的圣诞树，真是琳琅满目。我在燕京大学兼课时教过的学生李勤同志，时任大使馆一秘，陪我们参观了中国使馆，并在那里用餐，每人一元美金。有一位热心的华侨陪我们乘火车赴费城郊区维拉诺瓦（Villanova）镇，拜访西南联大同学陈同章、林同珠夫妇。我们受到热情的接待。他们的住宅是新式建筑，叫作错层式房屋（split-level）。同珠在宾州大学隔壁德雷塞尔工科大学图书馆参考部任职，工作很出色，受到全校师生的爱戴。同珠表示愿意帮助星儿申请该校电机系的助研奖学金（Teaching Assistantship，简称 T.A.）。这次访问促成了星儿 1983 年赴该校深造，可谓十分幸运。同章夫妇还约我们游了隆沃尔植物园（Longwell Garden），看到许多奇花异草，其中以郁金香和水仙花最为美丽。

清华外文系同班同学李博高学长，在联合国总部翻译处任 reviser（改稿员），和他妻子多萝西约我们去他们在康涅狄格州的新居做客。那里极幽静，草坪上有小鹿在吃草。在他家我第一次读到金庸的武侠小说。

由于挂念正在清华读电子工程系的星儿，述华和我商量好提前回国。我放弃了完成博士论文的计划。述华也急于回国指导研究生。于是我们于 1981 年岁暮回到北京，又开始了紧张的教学工作。

赴康奈尔大学

1985—1986 年，由于康奈尔大学的提名，我被推荐为鲁斯基金会人文科学亚洲学者，到该校访问、讲学、研究一年。我和述华利用此机会再度赴美，充实自己。这次访问期间，我们住在康奈尔校园附近的锦绣山庄（Fairview Heights）公寓，由鲁斯基金会提供房租，并发生活费每月750美元。康奈尔为美国名校之一，位于纽约州北部Ithaca城（徐志摩译为“绮色佳”），实际上是一个峡谷，附近有五个小湖，风景十分优美。该校与中国关系甚密，我国早期留学生胡适、赵元任、茅以升等先生皆在该校读完本科。该校英文系给我一间办公室，又在欧林图书馆（Olin Library）给我一间研究室。

康奈尔共有14个图书馆。述华每日早饭后必去理科图书馆，我去文科图书馆。中午回公寓午餐。饭后不午睡，再去图书馆用功，直到傍晚。我们好像又回到学生时代。我开始学习希腊文，用去了许多精力和时间。我在国内曾旁听杨业治先生为德语研究生开的希腊文课，所以有一定的基础。我认为古希腊是西方文化的源泉，因此希腊文很值得学习。古代希腊文学在西方文学领域居于高峰地位：荷马史诗、希腊悲剧、柏拉图的散文、亚里士多德的文学理论等，都是西方文学的珍品。但由于我的精力有限，只能浅尝而已。

另外，我还旁听了罗伯特·卡斯基教授的“中世纪英国文学”课。他在北卡罗来纳大学获得博士学位，功力很深。由于他祖籍波兰，自幼即熟读拉丁文，研究中世纪文学处于很有利的地位。他研究古英语史诗《贝奥武甫》的成绩为学术界所公认。我很佩服他的学问和教学法，从他的课上学到不少东西。例如，他第一节课先讲一个专题，由他充分发挥。第二节课和研究生一同读中古英国文学作品，研究生必须预习，他不放过每一个中古英语的难点。这样的教学法保证学生学得踏实。我曾写过一篇论 13 世纪英国政治讽刺诗《路易斯之歌》（“The Song of Lewes”）的短文请他修正。他对我的论点——此诗用的是英国南部方言——提出质疑。他认为是西南部方言。他对我的英文也认真修正，例如，我想表达“离题甚远”这个概念，我写成 wide off the mark，他改为 wide of the mark。回想当年我在耶鲁研究院时，迈纳曾改我写的 has transformed 为 has been transformed 这些细微的地方。从此我在写作上会特别注意，必须符合英语的语法和用法。在他 65 岁生日的庆祝会上，我曾译唐诗《登鹳雀楼》为英文，为他祝寿。

由于当时大学英语系开始盛行文艺理论研究，康奈尔请到乔纳森·卡勒（Jonathan Culler）讲授此课。卡勒的父亲德怀特·卡勒（Dwight Culler）和我是耶鲁研究生同学。乔纳森曾留学英国，娶了一个英国妻子，二人同在康奈尔教书。我因好奇，也去旁听乔纳森的课。听课的人很多，乔纳森因他父亲和我同学，对我很客气。他请到法国人德里达（Jacques Derrida）和阿拉伯人萨义德（Edward Said）来康奈尔演讲，并介绍我认识萨义德。后来牛津大学教授特里·伊格尔顿（Terry Eagleton）也来康奈尔演讲，我也去旁听，并读了他的书。由于我精力有限，未能深入学习，没有什么收获。

我在康奈尔英语系曾讲过一个题目："Some Teachers of English in China: I. A. Richards, William Empson, Robert Winter and Wu Mi"（中国的几位英语教师：瑞恰慈、燕卜荪、温德和吴宓）。我上过燕卜荪几门课，对燕卜荪介绍得很详细。我曾请瑞恰慈到北大英语系演讲，对他的文学理论十分欣赏。温德和吴宓是清华外文系的教授，我最熟悉。听众包括教授和研究生，对我讲的内容颇感兴趣。有几位研究生向我提出，他们学成后也很想到中国去教书。

我还参加了英语系研究院的"中世纪诗歌朗诵会"活动。卡斯基教授念的是乔叟《坎特伯雷故事集》中的一段趣事。他用中古英语朗诵，很传神。德语系某教授也用中古德语朗诵了一个名篇。我选了李白的“花间一壶酒，独酌无相亲”，试译成英文，但觉译得不够满意，还是用英国人阿瑟·韦利（Arthur Waley）的译文。我先读了韦利的译文，再用中文高声朗诵，听众觉有趣。

在此期间有另外两个大学邀请我和述华访问，并请我做上述报告。一个是纽约州立大学新帕尔兹分校（SUNY at New Paltz），另一个是瓦巴什学院，是温德先生的母校，位于美国中西部印第安纳州。在新帕尔兹，我们第一次看见学生在课堂上用计算机写作文，感到很新奇。在瓦巴什学院看到温德上大学时的照片（19岁）和他写的作文。我们很赞赏该校对校友的档案材料保存得如此完好。该校校长住学校官邸，离职后即迁出。校长还给我们讲述美国诗人埃兹拉·庞德（Ezra Pound）在该校教书时的逸事，十分有趣。

我在康奈尔时，经常到艾布拉姆斯（M. H. Abrams）的办公室聊天。艾布拉姆斯是哈佛出身，上过英文系和比较文学系。他长我几岁，50年代初拿到博士学位后，就来康奈尔大学教书，现已成为全美知名的资深教授。

他的主要研究领域是19世纪英国浪漫主义文学。这方面的理论，他的代表作是《镜与灯》（*The Mirror and the Lamp*）。我曾为此书的中译本写序。另一方面，艾布拉姆斯的著作为教学服务。他主编的《诺顿英国文学选读》（*Anthology of English Literature*）和编写的《文学术语》（*Literary Terms*）已占领全美国甚至全世界的英国文学课堂。我曾问他我想编一本《中国文学选读》，有无出版的可能性。他很直率地回答说："No, it cannot enter the classroom."（不行，进不了课堂。）当时美国大学尚未普遍开设中国文学课程。艾布拉姆斯从实际出发劝我不必选编此书，我很欣赏他的诚恳。竺稼（艾布拉姆斯指导的中国研究生）说我在中国大学英语系有一定影响，若想去中国旅游讲学，有我的推荐必然成功。艾布拉姆斯向我开玩笑说，我像法国国王路易十四，因为这个国王的名言是"朕即国家"（L'État, c'est moi）。我说欢迎他来北大讲学，可惜他未成行。

我和述华去他家做客，非常欣赏他家玻璃橱中世界各地的工艺美术品。他和夫人年事已高，身体仍健康，每年冬季都去中美洲加勒比海游泳。我回国后，他曾寄给我一本新著。这些年一直未通音讯。

我和述华常去的另一家是哈罗德·谢迪克的府上。他是康奈尔大学中文系退休教授。因爱好中国文化，曾接受燕京大学校长司徒雷登聘请，任西语系主任。太平洋战争爆发后，燕京大学被日军占领，谢迪克曾被日军关入集中营。日本投降后，他和妻子去美国，在康奈尔大学教中国文学，曾译《老残游记》为英文。我和述华到康奈尔不久就接到他的电话，热情地欢迎我们。我不知道他本是英国人，后入了美国籍，在电话中问他："Why, you have a British accent!"（你怎么带英国口音呢？）他回答道："I can't help it."（我也没办法啊。）很幽默。这时他妻子已谢世，他独居于校园内的住宅。当时他已接近90岁，退休多年，但每日仍去他的办公室，继续钻研中国文学。我常去他的办公室和他谈天，也和他一同参加康奈尔中文系的一些活动。他的夫人祖籍俄国，出生在哈尔滨，所以对中国特别有感情。谢迪克表示渴望回燕京大学，故地重游。我回国后，求助于燕京大学校友会会长雷洁琼先生。北大校方向他发出邀请信，终于使他能来北大讲学、访问。

谢迪克在校园里的住宅建在半山坡上，旁边是一条峡谷，风景清幽。他鹤发童颜，仍开车到处游玩，非常好客，常约中国访问学者和留学生一同出游。他还介绍他夫人生前好友俄国老妇人奥古斯塔（Augusta，旧俄贵族）和述华相识。奥古斯塔嫁给一位法国外交官来美任职，不幸先生英年早逝。谢迪克介绍她来康奈尔教俄语。她告诉述华她只听说过康奈尔在Ithaca，但她不知究竟在哪里。我们记得她说："Where is Ithaca? I've never heard of it."（她将Ithaca读作[i'tɑːkə]）。她曾邀请述华和我去她家做客，品尝地道的俄国家常饭菜，我们感受到她的热情和善良。

康奈尔还有几位美国人都是从耶鲁转来学习或教书的，和我们相识。如，在雅礼学会工作的年轻人韦斯特布鲁克（Westbrook）来康奈尔读博士学位。薇薇安·舒尔已在康奈尔政治系任正教授。她丈夫亨利也从马里兰大学转来康奈尔哲学系教书。还有耶鲁教希腊文的美国人纳什鲍姆（Nashbaum）也来康奈尔教希腊文，我正好在他教的班上旁听。看来美国年轻人从一所大学转到另一所大学是经常的事。康奈尔与耶鲁和哈佛之间关系十分密切。

在康奈尔我们还认识了王浩的学生，陈幼石的前夫梅祖麟（他在康奈尔教中文）和他父亲梅贻宝先生。梅贻宝先生是梅贻琦先生的弟弟，燕京大学在成都时的校长。梅先生夫妇年届高龄，每日仍坚持锻炼，保持健康。他们老两口和儿子、儿媳同住，保持着中国人的习惯。但他们和下一代有分有合，相当独立。

在康奈尔期间，我们也访问了费城。先拜访了陈同章和林同珠夫妇，受到他们的热情接待。随后又去参观了星儿读的德雷塞尔工科大学和他住宿的地方。这样，我们对中国留学生在美国的生活有了一点了解。

在此之前，星儿已与申丹在费城结婚。由同章、同珠夫妇主持、操办。在圣诞假期中，申丹由英国来美与我们团聚，就住在我们锦绣山庄公寓的客厅内。虽然相聚的时间甚短，但我们仍享受到天伦之乐。

在康奈尔期间，我们认识了研究生部主任艾莉森·卡萨雷特（Alison Casarett）。她对与中国大学进行学术交流非常积极。由于康奈尔农科特别强，她常来中国，与北京农业大学联系密切。我们曾到她家做客。她孀居，女儿在他处工作。老母住在纽约长岛，假期她就去探望母亲，是个孝顺女儿。我回国后，参加了康奈尔校友会。有几次她来参加校友会聚会，我颇欣赏她的风度。

在康奈尔我们经常接触卡萨雷特的秘书美国人Linda

Gao（她丈夫从台湾到美国，所以她姓高）。她的中国话讲得不错。她给我们的印象是热情，认真负责，乐于助人。她的中文是在台湾学的，可见台湾教外国人汉语颇见成效。

我的老师杨业治先生以前曾在康奈尔上过暑期希腊文课。我想趁此机会也旁听希腊文课。我用了许多时间和精力学习希腊文，感到很有兴趣，但是过度劳累影响了我的健康。我学希腊文还有一个动机：国外的名牌大学都设有“古代希腊、罗马文学系”，而我国迄今尚无此系，无从与国外大学交流。我设想北大将来也会设立“古典文学系”，培养这方面的少数人才，但是这个设想至今仍未实现。

述华和我在康奈尔期间，曾利用希腊文班上所组织的一次课外活动到纽约参观了大都会美术馆，欣赏到许多世界名画，还看到贝聿铭设计的苏州园林。我们还在第五大道散步，同时也看到了纽约的贫民窟。这次活动使我们全面地看到了美国社会的情况。

我在康奈尔时注意到研究中世纪文学，必须学会中世纪拉丁文。我在希腊文上花费了过多时间和精力，反而未能进一步提高我的拉丁文水平，十分可惜。后来我在北大为研究生开拉丁文，未能照顾到中世纪拉丁文，实属憾事。

我在耶鲁读研究生时，因为要补学拉丁文，和几位本科同学一同上课。有一位化学系三年级学生也上此课。我问他为什么要学拉丁文，他回答说因为对语言感兴趣，并且他还上一班意大利语课。我当时很感诧异。回想起来，文理科交融是一个值得探讨的问题。当年清华采用美国教育制度，文科学生必修一门理科课，理科也必修文科课，使学生的知识比较全面，同时也让青年人自己探索哪一门专业对自己最合适。我报考的是土木系，却改学了外语。王丰年学长报考化学系，因为上了雷海宗先生讲授的“中国通史”，深感兴趣，因此改学中国史。每一门学科都能帮助青年人训练自己的头脑。左脑强的人多学理科，右脑发达的人多学文科。要使大脑得到全面的发展，必须文理科交融。我记得钱伟长先生说过，他受叔父钱穆先生的影响，本来在清华上的是历史系，后来因对物理发生浓厚兴趣才改学力学。青年人选专业也受家长的影响，家长多半考虑孩子将来就业问题。前文提到，我第二次来到耶鲁时，认识一位英文系学生吉姆·巴斯。他对中文感兴趣，可是后来他的父母让他改学法律，他去斯坦福大学学了法律，还曾到北大法律系授课。吉姆的例子也说明青年人选专业需要摸索才能定下来。

如何办好外文系

我国几所名牌大学像北大、清华、南大、浙大等，都在争取办成国际上第一流的大学。外国和我们既往的经验值得参考。首先要招国内高中毕业的最优秀的学生，以保证新生的质量。德、智、体全面发展是需要的。要培养好这一批优秀的青年人，师资队伍也必须是第一流的。清华大学在30年代从国外陆续回来了一批非常优秀的青年教师，扩充了原来学贯中西的师资队伍，使清华逐渐成为国内最好的大学之一。中文系有朱自清、俞平伯、闻一多、杨树达、刘文典等名教授。历史系有陈寅恪、刘崇鋐、雷海宗等学者。外文系有吴宓、王文显和外籍教授温德、吴可读、翟孟生等人。物理系有叶企孙、吴有训、萨本栋、赵忠尧。数学系有熊庆来、杨武之、华罗庚等。这支第一流的师资队伍培养出一批极为优秀的人才。我认为其中物理系的叶企孙教授对理科人才的培养贡献最大，外文人才的培养吴宓教授的贡献最大。

另外一条好经验是聘请国外知名学者来校讲学。1931年清华曾聘请剑桥大学瑞恰慈教授来清华讲学一年。下一年瑞恰慈应聘成为哈佛大学的教授。我上清华一年级时，数学系请麻省理工学院的诺伯特·维纳教授来讲学。这样我国的大学和国外的大学就能互通信息，了解到国际学科发展的前沿。

要把国内大学的外文系办成国际上一流大学的水平，我观察了哈佛、耶鲁、康奈尔等几所名牌大学的特点，归纳了几个要点：

首先要从国际上最有成就的学者当中聘请教授，进行教学，指导研究生，使学科的发展达到前沿。同时要有一流的学生来继承教育事业，使学科不断发展。

另外一个条件是图书和期刊的积累。哈佛图书馆的藏书，除美国国会图书馆外，在美国各大学中排名第一，耶鲁排第二。康奈尔除总馆欧林图书馆外，全校共有14个分馆。

然而归根到底，人的因素第一，讨论、争辩、互相启发，才能把学科推向前沿。本科生由教授讲大课，助教负责答疑。研究生采用小班上课方式，第一个月由教授主讲，示范讲课和研究方法。教授把讲授和研究的内容分配给每一位研究生，请他们预先准备，轮流向同学报告，由研究生相互评论，然后教授加以总结。我在耶鲁大学读研究院时曾受益于这种方法。例如，在“莎士比亚的前辈”课上，我写的小论文关于莎士比亚前辈之一安东尼·芒迪（Anthony Munday）对莎士比亚的影响。在“乔叟”课上，我写了《乔叟诗中的形容词》，供同学讨论，由教授指出优缺点，最后加以总结。这样的教学可以调动研究生的主动性和积极性，对培养人才是一个好途径。

如何办好我国大学的外文系，达到国际一流的标准，这是大家很关心的问题。现在我国好的中学都很重视外语，尤其是英语。中国年轻人学外语的能力很强，在中学打好听、说、读、写的基础是完全有可能的。那么上了大学怎样提高就是大家要讨论的问题。就大学英语系来说，除实用英语外必须学习英美文学，不仅要能欣赏，而且要学会分析、评论。要学会用科学方法来研究文学作品，因为文学研究也能帮助青年人智力的提高。

对英语专业的学生来说，学会法语或德语十分必要。英语一方面与德语同源，都是西日耳曼语族，另一方面法国统治英国近三百年，法语成为英国上层社会的语言，因此英语词汇中增加了大量的法语词汇，而法语是拉丁语系，给英语增添了许多有用的成分，大大地丰富了英语的表达手段。学会法语能促进英语的提高。我自己的经验就是用法语来促进英语的提高。

目前我国有些大学已开设拉丁文和希腊文课。这对外语系学生来说也是有益的。这些古文字犹如古汉语，要读懂欧洲古代和中世纪的文献，需要学会这些古文字。

我国英语系包括文学和语言学两个专业。这对学习文学或语言学的学生都有好处。我们用语言学的方法研究文学，学语言学的学生也可以用文学作品作为例证。二者相互促进是很有益的。

我国大学中文系和外文系互相合作能够培养出更为全面的文学人才。过去清华大学就有很好的经验。中文系和外文系的学生相互选课，相互讨论，效果很好。外文系钱锺书先生和中文系吴组缃先生的例子就可以证明。我上大一时曾旁听闻一多先生讲授的“唐诗”课，闻先生曾拿几首唐诗和英国 19 世纪浪漫主义诗人雪莱和济慈的作品相比较，并且鼓励中文系的学生选修吴宓先生讲授的“英国 19 世纪浪漫主义诗歌”课。为什么外文系能培养曹禺那样用中文创作戏剧的杰出人才？就是因为曹禺借鉴了西方戏剧的名著，吸收其精华，写出了《雷雨》《日出》和《原野》。外文系培养了钱锺书先生那样对中国文学和西方文学都非常熟悉的全面文学人才。钱先生对中西文论相互比较，写出了《管锥编》《宋诗选注》等著作。现在大家对比较文学感兴趣，中文系和外文系都能培养比较文学人才。另外，中文系和外文系都培养了一些杰出的翻译人才，如卞之琳、穆旦等。这些都是以往的经验，应该继承和发扬。

我国的外语系首先要满足国家对于各方面外语人才的需要。最重要的一点是练好听、说、读、写、译的基本功。这虽是老生常谈，但一定要保证做到。课程设置应是多方面的，但不可能很深，因为不可能使外语教师专业化。同时还要考虑学科本身的继承和发展，也就是说要同时培养教师和研究人才。以英语语言文学系为例，我们需要能使学科本身创新和发展的教师和研究人才。这个任务应由研究生部来担任。我在耶鲁读英文系研究生时，就受到讲课和进行研究的训练。首先要准确，人名、地名、年代、出处、读音等方面不能出错。例如，卜德尔教授讲菲尔丁的长篇小说《汤姆·琼斯》时，志谦学长把女主角的名字 Sophia 读为 ['soufiə]，教师纠正为 [sə'faiə]。这个例子可能显得太琐碎，但也说明做学问小处也马虎不得。迈纳教授布置研究生写课程论文，让学生自己选好题目，自己开出参考书目，自己查阅前人发表的英、德、法文研究成果，在此基础上得出自己研究的心得。教授让研究生向班上同学报告自己的研究成果，回答同学的问题和不同意见，教授最后做出总结。这是一条有效的培养教师的途径。

大学本科要让学生接触多方面的学科，以便学生寻找最适合将来从事的外语事业。上面提到的耶鲁英文系毕业生吉姆·巴斯，他对中文感兴趣，一心想来中国学中文。他到西安外国语学院教了一年英语，和学生接触，中文大有提高。可是后来又选择了学法律，去斯坦福大学读了法律学位。吉姆的例子说明他虽对中文感兴趣，可并不是研究学问的类型，只是用中文作为媒介在中国工作。他最大的愿望是在中国开一家律师事务所。另外一个例子是我在康奈尔大学认识的南京大学外文系陈嘉先生指导的硕士生竺稼。他在康奈尔英文系取得博士学位后，改学法律，后来在美国从事法律工作。

以上的例子说明，外文是一个多功能的工具，青年人学好了外文可以从事各方面的工作。因此大学外文系不能局限于培养外文教师和发展学科，而应把培养目标定为多方面的。

青年人在选择未来职业时，往往感到困惑，教师的帮助是很必要的。以吴宓先生为例，他从清华学堂毕业后，打算到美国大学读化工系。可是当时清华校长周贻春先生对这个学生非常了解，知道他爱好文学，因此替他选择了弗吉尼亚大学的英国文学系。这个选择决定了吴宓一生的事业。

第十三章

潜心著述

我退休后，潜心著作。

1991年我在商务印书馆出版了《英语史》一书，并因为这本书结识了孙述宇先生。他是清华物理系学生。解放初期去美国，入耶鲁大学英文系，研究英国语言、文学，获博士学位。后在美国和中国台湾教书。回到大陆，看到我出版的《英语史》，便来北大看我，对这本书很感兴趣，因为他也是研究英语史的。他为我的这本书写了一篇书评（见《北京大学学报》哲学社会科学版，1994年第6期“北大学术简讯”），誉之为“英语史教学研究的里程碑”。他回台湾后，也写了一本《英语史》，比我的更为详尽。我的其他著作有《漫谈英语学习》（陕西人民文学出版社，1981年）、《李赋宁论英语学习和西方文学》（北京大学出版社，1985年）、《英语学习经验谈》（北京大学出版社，1993年）、《蜜与蜡：西方文学阅读心得》（北京大学出版社，1995年）等。

1994年，我获得北京大学首届人文社会科学研究突出贡献奖。

我退休后，学校让我主编一部欧洲文学史。我因年事已高，因此依靠刘意青、罗经国等同事组织校内外专家学者共同编好这部新欧洲文学史。我们试图用历史唯物主义观点来解释文学现象，重视文本分析和美学探讨，强调作品的思想内容和艺术形式的统一，希望通过寓教于乐，使优秀、健康的文学起到教育和感化的作用，产生积极的社会影响，促进我国精神文明的建设。

当代英国女小说家艾丽斯·默多克曾说“文学是一个连续不断的故事”，又说“艺术以艺术为营养”。她自己经常阅读18、19世纪英国小说，借以吸取营养。创作离不开文学传统，文学研究更不能脱离文学传统，必须重视传统才能创新。这个文学传统自古代希腊、罗马文学开始，经过中世纪、文艺复兴、古典主义启蒙运动、浪漫主义、现实主义等时期的文学，不同思潮和流派的文学不断给它注入新的内容，直到1914—1918年第一次世界大战和“战后”的文学，以及第二次世界大战前后的文学，这正是这部《欧洲文学史》所探讨的内容。

这部文学史共分三卷，由商务印书馆出版，希望能得到读者的认可。

我在期刊上发表文章，最早是在《世界文学》上发表19世纪英国散文家德·昆西论“莎士比亚《麦克佩斯》剧中半夜敲门声”的译评。我非常用心地写这篇文章，受到杨周翰学长的称赞。

我在上海外国语学院的期刊《外国语》上发表过《欧洲文学的传统》和《英语的习语》两篇论文，也受到好评。

商务印书馆编辑陈羽纶同志西南联大经济系毕业，留学欧洲，归国后在出版部门工作。60年代他约王佐良、周珏良和我为商务印书馆选注“英国文学活页文选”。我曾选注莎士比亚的《哈姆雷特》《麦克佩斯》、约翰逊的《致切斯特菲尔德伯爵的信》、狄更斯的《雾都孤儿》等名篇，受到青年读者的欢迎，后来商务把这些活页文选扩充编辑成册，出版了《英国文学名篇选注》。许多青年读者反映，这本书对他们学英语很有帮助。

商务印书馆计划定期出版英语刊物《英语世界》（*The World of English*，1981年创刊）请陈羽纶同志任主编。

1992 年在北外外文所前合影。

从左至右

李赋宁

裘克安

王佐良

周珏良

胡文仲

我经常被约写稿。我的文章不仅青年读者阅读，也受到一些专家学者的注意。

远在昆明时期，我已经开始发表文章。当时我是青年教师，在《云南日报》“星期论文”版发表《口味和标准》一文，主张文学作品要有高雅的趣味和标准。当时进步学生受“文学要为工、农、兵服务”思想的影响，曾有学生来请教朱自清先生，表示反对我的文章。事后朱先生劝我要跟上时代。另外，我在《昆明日报》副刊上曾发表题为《论英国文学》的文章，对英国文学加以概述。

从耶鲁回国后，50年代我曾在北京外国语学院的期刊《西方语文》上发表两篇论文：《英国民族标准语的形成和发展》和《乔叟诗中的形容词》。前一篇文章受到冯至先生的称赞，后一篇受到裘克安同志的批判，说我脱离实际。后来《西方语文》改版成为《外语教学与研究》。当时中央领导号召外事人才要学会地道的英语（genuine English）。我在此刊物上发表过几篇如何学好英语和如何学习英国文学的论文，反响比较好，受到青年读者的欢迎。

北京外国语学院办了一本普及性的英语刊物《英语学习》（*The Teaching of English*），也约我写稿。我曾写过论如何学好英语听说读写的文章，以及其他论英国文学和语言的文章。我写这些通俗文章也是为了普及英语知识。

北大出版社约我写一本普及英语的书：《李赋宁论英语学习与西方文学》。辜正坤同志给我提意见，说应把两部分写成两本书。我同意他的建议。后来为北大出版社又写了一本专门论英语学习的书，可能对青年读者有些帮助。关于论西方文学的书，我写了《蜜与蜡：西方文学阅读心得》，献给我的恩师吴宓先生，纪念他的百岁冥寿。社会科学院外国文学研究所约我译评T. S. 艾略特的《文学批评论文集》，交百花文艺出版社出版。我觉得译得比较流畅、自然。我以前也曾为外文社译过《约翰逊：莎士比亚戏剧集序言》，也比较满意。我觉得自己译文学批评的文章比较得心应手。

外语教学与研究出版社约我写一本研究英国文学的书：《英国文学论文集》。我写的这些书多半属于普及性质，谈自己的学习和研究心得。

商务印书馆创立100周年大会约我参加，并用英语发言。我这篇讲稿写得比较满意。我历述我父亲民国初年在南京河海工程专门学校教书期间曾为商务写书，内容是天文和数学。后来我家回陕西，我父亲为家乡兴修水利，开渠灌田。我在三原和西安上小学时，父亲为我订了商务出版的儿童读物，如《列那狐的故事》、赵元任翻译的《阿丽斯梦游奇境记》等。他又为我叔父李隼买了商务出版的“说部丛刊”，如伍光健翻译的《侠隐记》等。在成长的过程中，我经常阅读商务出版的中英文书籍，例如，易卜生的戏剧集，张谷若译的哈代的《还乡》《德伯家的苔丝》等。我记得我幼年最爱听我叔叔给我讲《天方夜谭》里的故事，如《神灯记》《阿里巴巴和四十大盗》等。商务出版的这部世界名著是奚若译的，用的是文言文，我看不懂。后来我上清华，曾问我父亲同乡好友清华政治系教授张奚若先生。张先生说那书不是他译的，可能是伍光健的另一个笔名。我父亲经常去商务买新书，我对商务有感情，我后来写的《英语史》也由商务出版。

有些比我年轻的同行出版他们的著作或译文，请我写序。这些序文我也写了不少，尚待搜集起来。

回想我在昆明西南联大教书时，外语系有一位英国教师白英（Robert Payne，娶熊希龄之女 Rose 熊为妻）欲译唐诗为英文，约我参加翻译王维的“红豆生南国”等诗。后来他这个译稿在美国出版，书名《白驹集》（*The White Pony*）。这是我最早的译诗尝试。后来我在北大教书期间，有几位同行约我参加译唐诗。我译过“金陵津渡小山楼”等诗，押韵合乎英诗规律，也曾受到同行的称赞。我觉得译诗既要保持原诗的气氛，又要符合英诗的规律。

释译是一门很难的艺术。英国文艺复兴时期所译法国作家拉伯雷的《巨人传》和蒙田的哲学散文集为英文。这两部译作已成了经典译著，供后人学习、模仿。我国清末严复译《天演论》，林琴南译小仲马《茶花女》为文言文，这些也成了经典译著。

关于翻译的理论，严复提出的“信、达、雅”是大家公认的。我读过的中文翻译外国文学的作品当中，郭沫若先生译的德国文学名著《茵梦湖》似乎最像中文。例如，“是我妈妈所主张，劝我改嫁别家郎，我自暗悲伤。”我幼年读伍光健先生译的《侠隐记》和赵元任先生译的《阿丽丝梦游奇境记》，非常喜欢，后来读了原著，更佩服他们译得好。我幼时不懂文言文，常请我叔父李隼讲奚若译的《天方夜谭》，后来我读这部世界名著的英译本重温幼年的回忆。我不赞成直译的文学作品，因为既不能传达原文的风味，又不符合中文的习惯。

我上清华大一时，商务印书馆出版了张谷若先生译的哈代的《还乡》和《德伯家的苔丝》，我非常爱读。张先生是山东人。哈代小说中的农民说的是地方土话，张先生用山东方言译出，十分传神。当时我父亲、我叔叔和我都喜欢张先生的译文。后来，1952 年高校院系调整，张先生从辅仁大学来到北大西语系英语教研室，和我同事。张先生是我的老师辈，他毕业于南开中学和北京大学。我有机会经常向他请教英文典故和用法，受益良多。他晚年为人民文学出版社译亨利·菲尔丁的名著《汤姆·琼斯》，受到读者的欢迎。

文学翻译是一门很难的艺术。解放前清华外文系吴宓先生为天津《大公报》编辑文学副刊，曾发表钱稻孙用文言文译的但丁《神曲》片段。清华外文系研究生田德望先生钻研意大利文，后去意大利和德国留学，深入研究但丁《神曲》。田先生后在北大教书，译出《神曲》全文，有详细的注解。他的但丁译作得到意大利政府的奖章。

吴宓先生也是翻译课的教授。他的《吴宓诗集》里包括一些译作。我最爱读他译的英国19世纪女诗人克里斯蒂娜·罗塞蒂（Christina Rosettie）的抒情诗，译为中国旧体诗，回味无穷。

我上西南联大四年级时，叶公超和吴宓两位先生合教翻译课。叶先生教中译英，吴先生教英译中。有一次叶先生选了《史记》“项羽本纪”中一段，让学生模仿英国18世纪历史学家爱德华·吉本的《罗马帝国衰亡史》（*Decline and Fall of the Roman Empire*）的文体译成英文。这是一种有趣的翻译练习。

院系调整后的北京大学英语系，朱光潜先生、潘家洵先生、张谷若先生、吴兴华学友都教翻译课，英语系的学生在翻译技巧上有显著的进步。朱光潜先生译黑格尔的美学理论。潘家洵先生译易卜生的戏剧。张谷若先生的译作上面已经提到。吴兴华学友译莎士比亚英国历史剧《亨利四世》上、下部。这些译作大家公认为精品。抗日战争前，梁实秋先生在北大英语系教“莎士比亚”课，曾译《莎士比亚戏剧集》，交商务印书馆出版。后来浙江有一位自学成才的青年朱生豪译“莎士比亚戏剧”也受到赞扬。老一辈的翻译家梁宗岱先生译“莎士比亚十四行诗”也很精彩。高校对翻译课重视，培养了一些后继的翻译人才，这是值得庆贺的。

杨宪益先生和他的英国妻子戴乃迭在重庆国立编译馆将中国文学名著翻译为英文。他们合译的《红楼梦》《儒林外史》等均受到国内外读者的好评。

上面提到的我国翻译名家当中还应补充傅雷先生。他译的《约翰·克利斯朵夫》也是十分精彩的。

关于如何提高翻译水平，张谷若先生说到要扩大知识面，他喜欢读英文广告、货单、旅行指南等杂书。我常去请教他我遇到的一些问题。有些他能立即解答，有些他知道应查哪些工具书。他虽然没有去过英国，但他对英国的风土、人情、历史、地理都很熟悉。我也养成在图书馆查阅工具书的习惯，这对指导研究生的研究方法也是一种训练。

王永兴学长编辑纪念陈寅恪先生文集，约我写稿。我和陈先生有些交往，上大一时，曾随吴宓先生和陈先生在吴家花园赏海棠。陈先生和我父亲都是“中研院”评议员，所以也相识。前文提到，我在昆明上研究院时曾旁听过陈先生为中文系开的“唐诗”课，他以文证史的科学研究方法给我留下很深的印象。后来陈先生来到北门街 71 号清华大学教授宿舍，准备乘飞机经印度去英国医治视网膜脱落。那是我见陈先生的最后一面。现在要写纪念陈先生的文章，我选了 13 世纪英国政治讽刺诗《刘易斯之歌》，考证它的历史背景、创作年代、方言等问题。我写的虽不是中国历史和文学的内容，但也是我企图学习陈先生研究方法的一种尝试。

我在《北大学报》哲学社会科学版上发表的《莎士比亚的〈皆大欢喜〉》一文企图用历史唯物主义观点分析这部喜剧的历史意义和它的文学价值，联系到当时的经济生活和国际影响。卞之琳先生对此文颇感兴趣。王浩在美国看到此文后，给我来信，问我需要哪些新的书籍和参考资料。

我写的文章大多数都是普及性的，但有些文章我觉得有些独到之处，例如，上述的《莎士比亚的〈皆大欢喜〉》《德·昆西论莎士比亚〈麦克佩斯〉剧中半夜敲门声》《乔叟诗中的形容词》《莎士比亚的〈哈姆雷特〉》《莎士比亚的〈麦克佩斯〉》《约翰逊·莎士比亚戏剧集序言》《狄更斯的〈大卫·科波菲尔〉》《路易斯之歌》等。

我写了不少篇如何分析、欣赏英诗的普及性文章，对青年读者有些帮助。我强调分析文学作品必须先分析它的语言，这样才能了解它的时代背景，它受文学传统的影响，以及它的艺术价值和继承创新之处。

我70岁退休，仍给研究生上课，并开始接受兄弟院校的邀请，前往讲学。安徽大学外语系华泉坤主任约我赴合肥，我和述华同往。我在安大共做四次学术报告：1. 英语史；2. 欧洲文学概述；3. 英语的习语；4. 如何研究英语。此行的黄山之游给我们留下愉快的印象。当时我已73岁。爬山时，遇见其他游人，问我年龄。他们说：“七十三游黄山，真是不简单！”

西北师范大学举办语言学研讨会，邀请我参加，并安排游敦煌。王还学长和她女儿杨寅同去。我在会上只做了一次关于英语史的报告。赴敦煌沿途经过张掖、武威、嘉峪关、酒泉等地。我第一次看见沙漠。经过嘉峪关时，回想当年林则徐发配伊犁，经过这里。我们到了敦煌，看到月牙泉，在沙漠里行走，别有风味。

我和述华受到杭州大学外语系的邀请，前往讲学和旅游。前些年我去杭州开会，曾受到该系鲍屡平先生的接待。鲍先生金陵大学农科毕业，曾随考察团到西安见

20世纪90年代，西北讲学期间，与杨周翰的夫人、女儿合影，从右至左李赋宁、王还、徐述华、杨寅。摄于嘉峪关前。

过我父亲。鲍先生后来改学英国文学，赴爱丁堡大学深造，研究乔叟和英国浪漫主义诗人，兼治语言学。他的夫人孙玲女士，北大英语系1956年毕业，在杭州大学教大学英语。这次我去杭大，鲍先生已去世，受到孙玲的热情接待。我讲学的题目仍是1. 英语的起源和发展；2. 欧洲文学概述；3. 英语的习语；4. 英语语言学研究。

我到杭州开会、休养已有四次。杭州真是百游不厌，我喜欢苏堤、灵隐寺的大佛、岳庙、三潭印月等名胜。回想起南京大学陈嘉先生受教材小组的委托，用英文写马克思主义观点的英国文学史。他邀请王佐良、杨周翰学长和我到杭州开会，讨论他的初稿。陈先生对英国文学造诣很深，但他摆脱不了苏联的某些观点。大家提了些中肯的意见，陈先生修改后交商务印书馆出版。陈先生这部文学史可能是中国人用英文写英国文学史最早的尝试。

我和述华赴南京师范大学外语系讲学。南京是我出生之地，又是述华在金陵大学化学系上学两年之处，更是我们订婚的地方，所以我们兴高采烈地前往。南京大学的校址是原先金陵大学的校园。南京师范大学的校园是原先金陵女大的校址。我在南师大讲学期间，曾去南大做过一次学术报告。那时陈嘉先生已谢世。我的报告受到一位外籍女教师的称赞，说我的英语和法语读音都十分地道。我趁去南大之便，拜访了范存忠和何如两位外语界的前辈。范先生是哈佛英国文学博士，又去牛津大学深造。他的博士论文写的是元曲《赵氏孤儿》在18世纪欧洲文学中的翻译。我第一次遇见范先生是在1956年“中共八大”开会时同译大会文件为英文。这次拜访他，他是南大副校长，年事已高，我特向他致敬。何如先生是法语界的权威，翻译《毛选》第五卷时我和他共事。何先生是广东人，中学时期就被送往比利时学铁路工程。后来改行，到巴黎大学学法国文学，法文造诣很高。20世纪30年代在巴黎译白居易《长恨歌》为法文诗体，曾轰动一时。我还受到南京郊区板桥解放军外语学院英语系的邀请到该校讲学。丰亦球老师曾在北大英语系进修，热情地接待我们，我们十分感谢。南京之行使我和述华重温了当年许多美好的回忆。

我指导过的博士生刘迺银在华东师范大学英语系教书，请我前往讲学。当年我出国留学前曾在上海逗留过几天。同窗好友牛其新学长让我在他伯父家住过数日，并送我上船。上船前物理系汪志华同志约我和王浩住在他家，唐敖庆也在他家。上船那日他家开汽车送我们上

南京讲学时返幼时上过的鼓楼幼稚园，与幼稚园的老师和小朋友合影。

船。这些回忆都和上海联系起来。

改革开放后，邀请我讲学的兄弟院校最早的是天津外国语学院。我在天津住过几年，上南开中学和南开大学。我在天津外院讲学的内容，除英国语言、文学外，还有参加《毛选》第五卷翻译的体会。来听讲的人居然有以前南开大学的领导之一黄子坚先生。他是我的老师辈，我感到有些紧张。还有我在首都机场开门办学时认识的天津民航学院教师关肇洪先生，以及我以前西南联大的学生金隄等人。

接着请我讲学的是位于保定的河北大学外语系。我在那里讲的内容是如何学好英语。

我的家乡西安外国语学院请我去讲学。该院孙天意院长是我在1964年秦皇岛举办高校高年级英语教师暑训班时认识的。我的讲稿后结集成《漫谈英语学习》，由陕西人民出版社出版。这是一本小册子，是我开始出书的最早尝试。

我指导的博士生辜正坤毕业于成都四川师范学院。该校外语系主任龚登墉先生通过辜正坤约我带夫人赴该系讲学，并游历四川名胜。我们住在该校外教和外籍学生居住的“嘤鸣园”。“嘤鸣园”环境很清幽。我们遇见一位美国女教师 Miss Zerger。她父亲为传教士，曾来我国传教，所以她对中国很有感情。川师与美国一所教会学校有交换留学生的关系。我讲英国和欧洲语言和文学。外教、外国留学生和中国学生都来听讲。他们对我讲荷马史诗、但丁的《神曲》、莎士比亚的《威尼斯商人》《哈姆雷特》等都很感兴趣。

我和述华也曾去重庆四川外语学院讲学。该校蓝仁哲院长和我曾有联系。吴宓先生当年在西南师范学院讲课时，蓝仁哲常去旁听、领教。蓝仁哲去加拿大留学时，曾来北京，对我谈了吴先生在“文革”期间的不幸遭遇，令人发指。从加拿大回国后带回来他写的介绍加拿大文学的著作，托我介绍出版。我和北京外国语学院联系，由该校出版社出版。

我退休前曾于 1983 年去湖南师范大学讲学。该校英语系申恩荣和张文庭二位教授后来成为我的亲家。申恩荣教授是我西南联大的同学，和我熟识。他和我还是北平祖家街第三中学的校友。他十分爱国，曾投笔从戎，抗击日本帝国主义。他也曾在清华研究院上研究生，后由河南省公费送往美国加州大学洛杉矶分校深造。申、张二位教授在湖南师大深受学生爱戴。他们的女儿申丹和儿子申江以优异成绩被北京大学录取，为77级学生。申丹大学毕业时考研究生考了第一名，公费送往英国爱丁堡大学攻读研究生。获得博士学位后，回母校任教。她研究叙事学、文体理论、翻译理论，在国际学术刊物上曾发表多篇论文，成为国际知名学者。我儿子李星是清华大学77级学生。毕业后赴美国费城德雷塞尔大学学习电子工程，获博士学位。回国后在母校任教，现已是知名互联网专家。儿子和儿媳都十分敬业。述华和我十分欣慰。

我所教过的学生的确人才辈出。考取北大的学生一般中学基础好，勤奋努力，学有所成。在学术、外交界都有不少有成就的人，我培养了他们，感到十分欣慰。英文有一句名言："the consolation of a teacher is to have students"（一个教师的安慰就是有学生）。我选择了教书这个职业感到幸福。我继承了我家的教书传统，我的妻子、儿子、儿媳也都是教师，在这里我想引用我的长辈李凤瑞姑姑对我家教书传统的描述。她写道：

"得知李星工作好，破格提升，又是你家一喜事，当为之贺。我以两句形容你们家中情况：

父、母、子、媳，一家四教授。

德、才、文、理，满门皆良师。

又使我感到树有根，水有源，想到仪祉兄的大家庭，也可以说是树大根深，枝叶繁茂，也写两句：

特、轩、博、协，德才树家风；[1]

子、孙昌达，继志人才拥。”

三姑在她的晚年对我家的鼓励是我们永远不会忘记的。

回顾我走过的一生，我之所以能用英语为培养学生做出一点贡献，首先得感谢父母养育之恩，感谢我受业的老师和与我共同切磋学问的同学和同事，与我教学相长的学生。陪伴我至今已50多年的爱妻述华给我安慰、劝告和支持，使我平安渡过危难、疾病和精神上的痛苦。我这一生很幸运，能够与老伴共同来到21世纪。我们希望能够继续发挥余热，看到国家日益昌盛、富强，人民的日子愈过愈好，尤其是科技、文化有了很大的提高，青年一代茁壮成长，我们感到非常欣慰和幸福。

1 在这里需要说明上述引文中一些人名："特"是我伯祖父李仲特，"轩"指我祖父李桐轩，"博"指我伯父李博，"协"指我父亲李协。——作者注

附记

赋宁和我[1]

徐述华

2002年，赋宁进入85岁时，儿媳丹儿建议他写回忆录，我也赞同，这样可以起到健脑的作用，何况赋宁的记忆力特别好，又经历了不少事情，可以写。赋宁在丹儿一再劝说下也同意提笔写。他对我说："这么多年经历了许许多多、方方面面的事情，真不知道从何写起。"我寻思赋宁过去几十年最感兴趣、占据他相当多时间的是学习和工作，尤其是英国语言和文学的学习和工作。

1 本文原载于北京大学出版社《学习英语与从事英语工作的人生历程》，2005年4月第1版。本次出版有删节。

我建议他写这方面的回忆录，他欣然同意。这样每天上午都坐下来写一些回忆录，直至2004年年初已大体上完成，还打算补充一些新内容，遗憾的是已力不从心了。

这个回忆录只写了他一生中的主要部分，但是似乎还有些方面未概括进去。由于这个原因，我愿意补充一鳞半爪有助于更全面地了解他。我想说明的是，我是理科出身，不大会写作，因此这篇只想以真情写真实，以此寄托我的哀思，纪念我敬爱的丈夫李赋宁先生。

金陵女生

我的家庭背景和赋宁的很不相同，我祖父是布商，我父六岁丧父，祖母年未满三十而孀居，家贫不足温饱。祖母是很有志气的女子。她靠用纺车纺线来养活她自己和一子、两女四口人。我父亲自幼聪慧过人，很喜欢读书，他勤奋学习，争取到第一名，免费上学。家里用灯草放在盛菜油灯上的小盘中，点燃照明。为了省油，祖母将灯草剪拆为二，使之细如针，父亲在微弱的灯光下苦读。父亲在极艰苦的条件下，自学成才，完全靠个人奋斗，奔自己的前程。父亲年轻时，在中学教过国文、数学。

曾任重庆第二女子师范学校的校长，后来投笔从戎，东渡日本，入日本士官学校学习。民国初年军阀混战。四川地处西南，川西平原为富庶区域，是众军阀必争之地。我幼年时，居住成都。有时巷战的枪声不绝于耳，这时候便和大人躲在盖有棉被的桌子底下，以防流弹，十分惊恐。

那时我父亲已从教育界转至军政界，当时在军政界人物中，流行娶三妻四妾。我母亲蒋嘉璧虽说识字，会写信，能看《三国演义》《红楼梦》等小说，但毕竟是未进过学校大门的旧式女子。我父亲和一位他教过的女学生相恋，这位女士是大学毕业生。她提出来我父亲必须和我母亲正式离婚，才能与她谈婚论嫁。我母亲天资聪颖，个性很强，从来不服输。她与我父亲离异后，自立门户。我母亲善于理家，带着我和比我小九岁的妹妹述德，日子过得像模像样的。她的内心是悲苦的，对待生活的态度是消极的。我母亲是半封建半殖民地的旧中国下受害女性中的一位。在我幼小的心灵中已经有了女子要自立，必须要念书，要为我母亲争气的朦胧想法。

我同情被我父亲遗弃的母亲，我爱她。但是我对我父亲还是有感情的，他一直很爱我，我幼年时，他为我

与母亲、妹妹合影

购买许多儿童读物，大大丰富了我的想象力，增加了不少知识。他离开成都到外地时，无论多忙，从不忘给我写信。父亲虽然是军人，但字体隽秀，在书信字里行间，流露出爱女儿的情意，曾记得他去欧洲和美国时，寄给我的异国风光的画片，我是很喜欢的。我怨我父亲，但我还是爱他。父母离异后，我们姊妹由母亲抚养，我是单亲孩子，但又不完全是，因为我仍然得到父亲的关爱。我妹妹从出生以来，就没有和父亲相处过。妹妹历来就固执地不承认自己有父亲。

我父亲是军人，但好与文人学士交往。抗战期间燕京大学由北平迁至成都时，我父亲与俞大絪先生、著名语言学家李方桂先生一家经常有来往，李先生的夫人徐缨女士亲切地称呼我父亲为“二哥”。1948 年我父亲赴美做肾手术时，就住在李方桂先生家中，从而结识了哈佛大学知名的美籍华人教授杨联陞先生。杨甚赞赏我父亲的文字和诗词，称其为“儒将”。我父亲对此很高兴，得意之色溢于言表。

回顾童年，赋宁的童年比我的幸福，他生长于和睦的大家庭中。他父亲是这个大家庭的顶梁柱，赋宁父母的感情很好。他父母都已年满 35 岁，赋宁才出生，又两年后赋宁的弟弟赋洋出生。赋宁是父母的长子，自幼受祖辈、父辈和堂兄们的宠爱，过着无忧无虑的生活。

赋宁和我上学的经历也不尽相同。我生长在四川成都。川西平原文化教育比较发达。我父亲送我上的小学是很正规的第一女子师范附属小学。读完小学后，考入著名的四川省立成都女子中学（简称省女中）。这所女中当时的师资力量强，对学生的要求严格，有良好的校风。在 1939 年抗战期间日本侵略者大举进攻华北的同时，日本飞机开始对西南大后方狂轰猛炸。成都为四川省会，为轰炸的重点城市。就在这年夏天，也就是我上初中三年级时，成都所有的中学都迁出成都上课。我校迁到距成都 90 华里的彭县龙兴寺。我校迁去以后，不进大殿，不能占用庙中主要建筑。我班在走廊上用篱笆分隔开的教室里上课。宿舍是几十个同学睡在大屋里，食堂也是临时在院中搭建起来的，屋顶是用茅草铺的，曾经发生过鸟粪直接掉到菜里，让人难以下咽的事。上早自习时，学生朗朗的读书声与古庙的晨钟以及和尚敲木鱼念经的声音遥相呼应，可谓抗日时期的一桩奇闻。当时的生活是很艰苦的，虽然如此，但面临日本人的疯狂侵略，师生同仇敌忾，毫不沮丧。老师们认真负责地教书，学生们勤奋刻苦地学习。老师在课堂上讲文天祥的正气歌、岳飞精忠报国的事迹时，义愤填膺，学生们在下面摩拳擦掌，恨不能立即上前线杀敌。最令人难忘的是独子山告急的消息传来时，我们正在上英文课“The Last Lesson”（《最后一课》），同学们止不住流泪了。时事与课堂教学大大地激发了学生的爱国热情。我上高中时，我班上不少数理化成绩较好的同学都曾经抱有向居里夫人学习，学科学，将来为祖国做贡献的梦想。我与赋宁相遇时，正在由南京迁至成都的金陵大学化学系二年级学习。

赋宁和我的家庭背景、学习经历是不相同的。我们两人既非同学、师生、同事，也无同乡之谊。唯一相同的是我们都经历过抗日战争。赋宁长我七岁，抗战时期我从初中念至大学二年级，他是从大学生、研究生至教师，直到出国留学前夕。我们原本素不相识，由于在抗战起始大学内迁，在抗战胜利后复原，这样辗转周折才偶然相遇至相恋、结婚。人一生的命运脱离不开时代背景的影响。

两地书

抗战胜利后，美国国务院为中国学生赴美读研究生，设立奖学金。当时赋宁在西南联大任教。通过考试，他和王浩获取了这个奖学金。在赴美之前的1946年暮春，他去成都看望正在燕京大学讲学的他所敬重的老师吴宓先生，同时去看望了他的堂姑李凤瑞老师一家。李老师是我读高中时教我们化学课兼级主任的老师。我在李老师家遇见赋宁。翌日李老师来我家，告诉我赋宁邀约她和我去成都有名的风景区——锦江边之望江楼的茶座喝茶。记得是日在座的还有一位在成都上大学的陕西女学生。赋宁在薛涛江旁边竹林下选了一个茶座，我们一边品尝名茶，一边交谈，大家都愉快。赋宁身穿半旧但仍然平整的浅灰色有蓝色细条纹的西服，他给我留下的印象是高高瘦瘦的，文质彬彬颇有学者风度。赋宁从李老师那里带走了一张我和李老师的合影照片。他由成都回到西安后，不久我即收到他的来信。记得信中在述华小姐称呼下的第一句话是："天下事实在难以预料……"后来赋宁告诉我，当时他很想在成都多留几天，可是吴宓先生唯恐他耽误了出国的事，一定要他搭燕京大学复原的大汽车北上。赋宁和我相遇、相识，确实是很偶然。人说是“一见倾心”“一见钟情”，我想是“缘分”。婚后，直至前几年，几次谈起此事，赋宁说那时他已29岁，在西南联大时，老师和同事关心他的婚姻大事，给他介绍女朋友，均未成。在成都和我相识后，吴先生说：“赋宁，这次你交女朋友的事成了。”赋宁满脸认真地说：“还是老年人有经验，吴先生怎么会知道这次成了哩！”吴宓先生未见过我，赋宁和我会见时，又不在场，吴先生怎么会如此说呢？我猜想准定是赋宁向吴先生泄露了心中的秘密。

又是太巧合了，抗战胜利后我父亲随当时的“中央政府”迁居南京。我校金陵大学复原回南京。赋宁为办出国手续由西安去南京。他比我先抵达南京。赋宁贸然去拜访我父亲，自我介绍说是我的朋友，打听我何时抵京，他要去下关码头接我。赋宁居然接着我了。他十分高兴地说：“伯父已经去码头接你两次，都失望而归，还是我幸运。”我父亲和赋宁接触几次后，严肃地告诉我，他对赋宁的风度举止印象不错。谈吐不俗，待人也很诚恳，看来学习扎实，英文很好，只是较瘦，身体似不很健康，同时他的志向是将来回国后，在大学教书。唉！

教书的职业太清苦了。显然父亲是担心女儿吃苦。这些话我未曾告诉赋宁。他仍然常来我家，约我去玄武湖荡桨划船，采集莲子，去雨花台等名胜游玩。一日我回家，父亲面带喜色，对我说今日卢伯伯（著名企业家，长江航运中很有名的民生公司之创办人卢作孚先生）来我们家了。我父亲告诉他："我的大女儿结识一男友李赋宁，他是陕西人。"卢伯伯说："我知道的，他是著名水利家李仪祉先生的长子。"我父亲早已慕名李仪祉先生，非常高兴地说："仪祉先生之子，必然不错。"便欣然同意我和赋宁交往，还同我们一起去游中山陵、灵谷寺。

一日黄昏时，赋宁和我在我家二楼阳台上聊天，他说翌日将赴上海，很快就从上海乘船赴美，依依不舍地向我告别。让我吃惊的是，他极其严肃认真地单膝跪地，向我正式求婚，我被他的真情感动了。当我父亲知道赋宁已去上海，就迫不及待地说："不行！不行！赋宁赴美求学，一去数年。如果他在美国又交了女朋友，你无理由阻止他，你也快大学毕业了，你等待他还是不等待？你们之间无任何约束。"不容我分辩，我父亲立即去电报告知赋宁："欲与述华百年合好，速回宁订婚。"我未曾料及平时不急不躁、慢条斯理的赋宁急匆匆从上海赶回南京办理订婚事宜。这桩事情完全由我父亲操办。赋宁仍然穿一身半旧但平整的浅灰色带蓝色细条纹的西服。为了订婚，刚从法国归来、住在我家的庞静亭叔叔借给他一套甚考究的黑色西服。由我父亲主持，赋宁和我于 1946 年 8 月 31 日举行订婚典礼，戴上订婚戒指，填写订婚证书，拍了订婚照片。订婚宴上有赋宁父亲生前的朋友卢作孚先生和曾参加中山陵设计的刘梦锡先生夫妇，我们的大学同窗好友牛其新、陈佩丽等。既严肃又不铺张地完成了我们的订婚仪式。赋宁又急匆匆地返回上海,未及喘息便踏上远洋客轮,赴美国耶鲁大学深造。

赋宁抵美后，住在耶鲁大学的研究生宿舍，他将我们的照片放在他的书桌上。一切就绪后，每逢星期六夜晚，赋宁必定给我写信表达他的思念之情，讲述一周中的见闻、收获和体会，其中不乏趣闻和轶事。他告诉我，他每天下午都去邮局的“Yale Station”的信箱，渴望收到我的信，而我在金陵大学传达室内的“594”号信格子内，远远就能望见他的来信。他写的信若其人，字写得工工整整、一丝不苟，词藻并不华丽，但字里行间处处流露真情，信中无虚语，而是实实在在的，有丰富的内容，我爱读他的信。解放前夕，邮路不通畅，尤其是

订婚照，1946年摄于南京。

我大学毕业后，回到我的故乡成都时，常常很久收不到他的信，有时候一次便收到几封信，而看落款的日期，他仍然是一周写一封从未间断过，我也是按时给赋宁写信。虽然赋宁和我相隔千山万水，我们的“两地书”将我们的心紧紧地连在一起。过去我将他的来信收藏在一起，“文化大革命”抄家时被搜走了，散失了。现在赋宁永远离我而去，如果这些情书还在手边会带给我温暖，是我能拥有的精神财富，可是现在只有支离破碎的片段尚残留在我的脑海里，叫我如何不惆怅、不心伤！

新婚燕尔

1949 年新中国成立了。1950 年赋宁尚未完成博士论文，但他急于回到祖国，用学到的知识为祖国服务，也盼与我团聚，终于又回到了他的母校清华大学，回到他熟悉的清华园。赋宁原来计划去成都看望我母亲，并接我到北京。刚解放不久，出远门还需办“路条”，他未办成路条，难以成行，去信请我们谅解，并盼望我早日到北京。

1950 年 8 月中旬我抵达北京，暂住在四姑李凤鸣大夫家。赋宁和我一方面准备结婚，同时我急于谋职。因为我需要赡养我的母亲和妹妹，并且我一定要帮助我妹妹上大学。赋宁刚回清华大学任教时，月薪900斤小米，我们的经济并不宽裕，赋宁一介书生，未曾体验过艰难的生活。我不忍心，也不愿意让他独自挑此生活重担，何况我从小就萌生了女子要自立的想法。赋宁很理解我。他也积极地拜托朋友为我求职。我是化学系毕业的，大学毕业后回到我的家乡成都时，曾在我的母校省女中教过化学和数学。因此赋宁所拜托的朋友为我介绍在中学教书的职位，我认为也不错。虽然我念中学时的梦想是投身科学研究，不过当时迫在眉睫的事情是尽快找到工作，也就不过于奢望了。

赋宁和我于1950年8月底开学前在清华大学工字厅举行结婚典礼。张奚若先生是我们的主婚人，吴达元先生代表赋宁的家长，四姑李凤鸣大夫代表我的家长。王宪钧先生诙谐地说赋宁和我相识相爱时，当时他在成都，是当然的介绍人。英文系的徐锡良先生为我们主持操办婚礼，还约请了英文系的两位女同学资中筠、梅祖芬为我们弹钢琴。在结婚进行曲伴奏下，我披了纯白色的婚纱，在四姑陪伴下进入工字厅礼堂，和赋宁站在一起，结为夫妇。那天来了许多宾客，祝贺我们结婚，其中不少是清华的知名教授。来宾有：陈岱孙先生、张奚若先生夫妇、周培源先生夫妇、潘光旦先生夫妇、王宪钧先生夫妇、吴达元先生夫妇、杨业治先生夫妇、赵诏熊先生夫妇、徐锡良先生夫妇、陈定民先生夫妇，还有我们的亲属李凤鸣大夫和郑中立大夫夫妇、我的表兄王滋源和赋宁的朋友陈体强夫妇、王佐良夫妇、周珏良夫妇、许国璋夫妇、李相崇夫妇、王逊、牛其新，还有赋宁的同事严宝瑜吴琼湄夫妇、杨筲平、张秋华等。来宾在一张粉红缎子上签名，它是一件颇有意义的纪念品，遗憾的是前些年我们翻箱倒柜好几次，都未寻着。

婚后，我们暂时住在工字厅客房，在工字厅员工食堂包饭。不久学校便分配给北院的住房。那是一间日本式的平房。当时我们很穷，每月只有赋宁的工资900斤小米折算成钱币的收入。赋宁从美国归来时，所携带的行李是几口大铁皮箱，箱内主要是他在美国购买的书籍和必需的衣物。他仅持有200元美金。我们变卖了珍贵的订婚戒指，将所得的钱寄给我母亲。为了一张两元钱的礼券，赋宁和我进城去前门外换取钱币。我们要在北院安家，至少得购买必需的家具。于是我们两人去东单小市旧货商店购买了双人床、衣柜、书桌、书架、几把椅子和一套简陋的小沙发。徐锡良先生将学校存放的一张大方桌、一张长条桌、两把太师椅暂借给我们使用。这四样家具都是古香古色的红木家具。我们把它们放在吃饭的屋子里，徐先生还代为借来一块方地毯，就放在红木桌下边。北院没有取暖设备。我们在吃饭的屋子里，安装了一个比我矮不了多少的大洋铁炉子。我们就这样安置了一个不洋不古、不中不西的家。这使我想起了赋宁告诉我的一句法语“petit à petit, l'oiseau fait son nid”（鸟儿一点一点地搭它的窝）。我们两人也像小鸟一样，一点一点地搭我们自己的窝。所幸解放初崇尚俭朴，没有人笑话我们。我们感到高兴，终于有了自己的家。

9月初清华大学开学，赋宁开始了既紧张又愉快的新生活，可谓安居乐业了，而我还是安居无业。他继续努力为我谋职。一日赋宁眉开眼笑地回家来告诉我，他见着招聘广告：燃料工业部委托清华大学化工系代办燃料研究室，招聘大学化学系毕业生。他颇有信心地鼓励我去应聘。当时化工系是新成立的系。系址即系办公室、部分实验室和教室在清华园二院，是很简陋的平房。系主任曹本熹先生是刚从英国归来的博士，系里有一批解放前后从英、美归来的教授和副教授，包括曹先生在内，年龄在40岁以下，年轻有为，朝气蓬勃，充满活力。我带着金陵大学的毕业证书和成绩单去化工系应聘。经系里研究后，曹先生约我面试，我未想到曹先生如此平易近人，可能是有意让我放松，他说："你是不是在家里闲待着不好玩？"我急忙回答说："不是，我很愿意工作，也需要工作。"我顺利通过面试，成为化工系燃料研究室的助理研究员。

我们科研小组共三人。组长是新近从英国留学归来的朱亚杰先生，他知识面广，人很聪明豁达，平易近人；另外一成员是上海圣约翰大学毕业的陈贻萱，她业务能力强，待人诚恳，工作认真，我们相处得十分融洽。我们小组的任务是利用本国原料制备适合于我国生产的润滑油之降凝剂。这个科研课题意义重大。我念大学时，除了上基础有机化学课程外，还选修了两学期的高等有机化学课，而有机合成是这门课十分重要的内容，因此我对有机合成情有独钟。我是很幸运的，终于谋职成功，并且是我十分喜欢的属于有机合成范畴的科研工作，而且工作单位就在清华园内。赋宁和我都大喜过望。从文献总结，国外最有效的润滑油降凝剂称为"paraflow"，朱先生戏译为“怕它不流”，既谐音又达意，且生动形象，十分有趣。赋宁在清华园内三院讲课，在三院楼上的图书馆看书。我在距三院不远的二院实验室内忙着试制适合于我国油品的“怕它不流”。我们都感到生活充实、有意义。

从工字厅客房迁到北院以后，我们就在胜因院机械系系主任褚士荃先生家，当时称之为褚家饭店包饭，吃中饭和晚饭。那时褚先生的夫人不在北京。他自己住一幢二层楼的房子，他住楼上，楼下用作饭厅，放一大圆桌。在褚家饭店包饭吃的是新近归国的留学生，单身的或新婚不久家中尚未起伙的。记得当时包饭吃的有：侯祥麟先生、武迟先生、孙毓棠先生、白家祉先生、陈体强先生夫妇和我们。褚先生和我们一起用饭。因为褚先生年纪较长，又任机械系系主任，工作较忙，这个小食堂由机械系教师、哈佛大学博士白家祉先生总管，用白先生自己的话说，当时他办小食堂很卖力气。做饭则由精于烹饪的赵光弟师傅掌勺，菜肴十分可口，很受大家欢迎。赋宁虽谈不上美食家，但还是很会欣赏、品味美味佳肴的。

周末我们漫步清华园，他旧地重游，回忆往事，思绪万端，津津乐道地告诉我他在清华园上学时的情况，我听得十分入神，我逐渐发现赋宁谈话也颇幽默、风趣。我们走到同方部南边的水利馆，他指着门匾上的“水力实验馆”几个题字说，这是当年施嘉炀先生聘请父亲李仪祉先生为清华大学名誉教授时，请父亲题写的。接着他给我讲了我公公的故事。其中不乏有趣的逸闻，我公公仪祉先生皮肤白，高鼻梁，额头很高，且稍突出，他留学德国时，课余在课桌上打盹儿，德国同学让他两手捧一大桃，笑说他像猴子。赋宁说：“我父亲像猴，我会扮鬼脸，吓唬你。”他回家用两手把眼角往下拉，咧开嘴，突出下颌，扮了一个鬼脸，不可怕，而是非常有趣，此时的赋宁似一顽童。赋宁有他很纯真的一面。

婚后，赋宁断断续续地对我谈起他自己的家。幼年时，他的家除父母和弟弟外，还有两位祖父、伯父、伯母、叔叔、姑姑和堂兄们十几口人住在一起，是一个大家庭。这个家全靠赋宁的父亲支撑。当赋宁父亲的工作变换地方时，则举家随之迁移。赋宁说他那时的家虽是旧式大家庭，可是颇有民主气氛，他记得有一个时期家中曾办了一个家庭小报，家中成员不分辈分高低，可以自由投稿发表自己的见解，可以对不同的观点展开辩论，有时小报上还登出善意的对某个家庭成员的讽刺打油诗，十分有趣，那是一个和乐的大家庭。赋宁的父亲将全部身心投入水利事业中。作为这个大家庭的主妇，赋宁母亲身上的担子是很重的。他的母亲性格温厚、善良，孝敬长辈，爱护子侄，对一家老小，甚至亲友关怀备至。赋宁的父母认领了一养女，取名赋梅，母亲待之如己出。家中老老少少和亲友们谈及赋宁的母亲都赞不绝口，称之为圣德。她作为大名鼎鼎的李仪祉先生的夫人，生活却极俭朴，亲自洗衣、下厨，待人处事处处谦让。赋洋弟只比赋宁小两岁。他们兄弟俩的性格迥然不同，弟弟活泼、勇敢，哥哥文静、谨慎。不过哥俩的感情很好。赋宁笑着说他小时候受别的小孩欺负时，他的弟弟保护他。赋洋在陕西上中学，毕业后入西北联大生物系。后来任教于陕西师范大学。赋洋弟具有陕人的耿直性格。当年胡宗南在西北的势力很大，因为著名水利家李仪祉先生是陕西人，胡宗南提出愿资助赋洋弟出国深造，他断然拒绝。赋洋弟结婚早。母亲一直和赋洋弟、张静娴弟妹及赋梅一起生活，赋洋夫妇有六个孩子，在照顾孙辈上，母亲可以帮一些忙，也享受儿孙绕膝之乐。赋宁常说他上大学后就一直不在陕西，多亏赋洋夫妇和赋梅

家人合影，从右至左为：徐述华、李赋宁、李赋宁的母亲、李昱（李赋洋的儿子）、李赋洋。

照顾母亲，他才有可能不急于成家，将自己的全部精力放在学习和钻研学问上，他对赋洋夫妇和赋梅是心怀感激的。赋洋弟不幸年未满花甲即因病辞世。噩耗传来，赋宁和我深受震动。

我们婚后约三个月，北京严寒的冬天来临。那时赋宁在距清华大学不远的燕京大学兼课，讲授“莎士比亚”。因为刚回国不久，还身着西服，结领带，俨若一英国绅士。冬天来临后，赋宁换上一身蓝色棉干部服，戴上棉帽子。我笑着说：“你现在很像一个革命干部。”这时赋宁想到的不是自己的衣着，而是我的，他急忙陪我进城，购买了一件质地好又雅致暖和的女大衣。赋宁虽然是地道的书生，却有很好的审美能力。我们结婚几十年，除了几次出国置装，他添置了大衣、西服外，平时很少为自己购买衣物，除非我强加于他，而他总忘不了为我挑选他认为满意的衣物。我的同事和朋友见我穿了入时别致的衣服，常说：“又是李先生给你挑选的嘛！”赋宁满80岁后，便逐渐减少陪我逛商场的次数，而我每次去商场，首先想到的是为赋宁选购一两件他会中意的衣物，见他穿着合适，我极高兴，有时他为了让我高兴，特意穿上这些新装，陪我出去走走。现在他离我而去。每当我看见他为我或我为他购置的衣物，睹物思人，就止不住暗自流泪。我多么怀念我至爱的赋宁。

我忘不了婚后度过的第一个严寒的冬天。那时急迫的任务是将屋里供暖的大洋铁炉子生起火来。我作为主力，赋宁作为助手。我未曾料到，点燃高大的洋铁炉子，并非易事。我们无经验，可能煤的质量也不好，有一天点燃又灭，灭了又点燃，一共点了12次，屋内才逐渐暖和起来，当熊熊的火焰在炉内跳跃时，赋宁和我几乎要欢呼了。收拾完未用尽的煤和木材，虽然已筋疲力尽，但毕竟胜利了，我们体会到自力更生的快乐。

磨难与分离

1952年开始院系调整，清华大学的文科和理科合并到新的北京大学。校址在原来的燕京大学。赋宁随之从清华大学外文系转到北京大学西语系的英语教研室任教。随着形势的发展，附设在清华大学化工系的燃料研究室已完成了它的历史任务。我们科研小组经过多次实验，试制成功了我们的“怕它不流”，取得满意的结果。燃料研究室撤消了。研究室招聘的大多数同志分配到大连市化学物理研究所，少数去北京石油化工研究院。张履芳和我留清华大学化工系担任助教工作。张履芳是南开中学、清华大学化学系毕业的，业务基础好，一贯对工作认真负责，很敬业。我想我们两人之所以留在清华大学工作，一方面是化工系领导对我们在燃料研究室工作的认可，另一方面她和我都是清华大学教师的家属，照顾夫妻关系，才做出此决定。紧接着化工系更名为石油系。1952 年实行院系调整，当时是按照苏联的教育模式进行的。苏联有莫斯科石油学院。北京以清华大学石油系为基础，还调了天津北洋大学等学校的教师来北京成立了北京石油学院。清华大学由曹本熹先生带队，几乎将石油系的全班人马转移到北京石油学院，同时在五道口东边九间房的荒地上建院。我到石油学院工作后，每天骑自行车早出晚归，赋宁和我各自忙自己的业务工作。

赋宁和我于 1950 年结婚，6 年后得子，那时他已 39 岁。当赋宁知道我怀孕的消息后，他为自己快当爸爸了，喜笑颜开，乐不可支。那时我们住在中关园二公寓。我的腹部一天一天地胀大，赋宁不时触摸我的腹部，笑着说："孩子在踢你了，小家伙淘气。"一日我出现了分娩的征兆，赋宁立即送我去府右街北京医科大学附属医院，也就是四姑李凤鸣大夫工作的医院。当时赋宁还要上课，四姑让他先回家，并告诉他，我已32岁，为了母子的安全，很可能进行剖腹产，有消息立即告诉他。亲友们都把这事作为一件大喜事。当时电话很不普及。我们住的二公寓，整个一座公寓楼，只在楼旁边的传达室内，安装了一个传呼电话，平时很少使用。

1956年4月16日下午，忽然传呼“李赋宁电话”，赋宁知道准是医院打来的，他既兴奋又紧张，还担心。兴奋紧张的是可能孩子出生了，担心的是他的一位堂嫂在手术室打了麻醉针竟未清醒过来。后来赋宁告诉我，当他听到呼他接电话时，他匆忙地倒穿鞋奔下楼去传达室。他去医院后，笑吟吟地来到病房说：“我去婴儿室见到我们的儿子了，是个紫鼻子（鼻子上留有一点紫药水痕迹）娃娃，很可爱！”赋宁认为1956年是他生平最幸运的一年。他所提到的几件幸运的事情，第一件事就是儿子的出生。这不仅是我家的一件大喜事，也惊动了西语系他教的学生们。毕业班的学生为我们的儿子编织了精致的纯白色的小毛衣。西语系工会简讯上还报道了这条喜讯。我按照家乡的风俗送了同学们红鸡蛋。

李家给出生的孩子取名字的规矩是儿子这一辈的男

孩子所取的名字应是“日”字当头，如李昆、李昌、李晟、李昂、李昱等，而女孩子的名字，则“日”字作为偏旁，如李昉、李昭、李晴等，有重男轻女之嫌。赋宁按照家里的老规矩办事，又参考西方的文化精粹但丁的名著，用“星”字命名儿子，取名李星，昵称星星。星星满月不久，赋宁就用一条小绿毯子裹住儿子，每天抱下楼，到户外呼吸新鲜空气。

星儿还不到半岁，我家从中关园二公寓迁到燕东园33号。燕东园的住房是原燕京大学的教授住宅，是一幢幢的两层小洋楼，楼前有草坪，大窗户是上下推拉式的，客厅内有壁炉，原来是一家居住，现在分配给两家，房子比较讲究，但是已经很旧了。我们住楼下，房子南边有一个不算很小的草坪。星儿还不会爬的时候，赋宁将儿子放在草坪上，教儿子学爬行。他自己双膝跪在地上，笨拙地移动手脚，还叫星星像他那样向前爬。星儿像一小动物在爸爸后面蠕动，父子两人的动作，煞是可笑，当时较少照相，若拍照留作纪念，是很有意思的。虽然赋宁极爱儿子，但并未改变他去图书馆勤奋学习的习惯，他出家门提着蓝布书包上图书馆，回家先抱宝宝，确实是他当时真实生动的写照。

1956年，与8个月的儿子李星合影，摄于北京。

解放以后，陆续开展各项政治运动。由于赋宁和我都是从学校到学校，个人历史简单，肃反、三反、五反运动，我们作为一般群众参加，仍然我行我素，埋头于业务工作。1957年开展“反右”运动，涉及意识形态和上层建筑，知识分子震动了。“大鸣大放”期间北大西语系年轻教师黄继忠带学生去清华大学发表自己的看法，后来被划为极右分子，剥夺了他的教书权利。赋宁欣赏他的才能，认为他的英语水平较高，是有发展前途的教师，对这样的处置深感惋惜，因而说：“北大党委书记江隆基同志不懂办教育。”这种言论在当时不用上纲上线，明显是右派言论。就在这关键的时刻，江隆基同志在全校大会上说：“如李赋宁同志，他是对我个人提意见，不是反党。”就这一句话挽救了赋宁。江隆基同志在“反右”以前为了检查教学，曾亲自听过一次赋宁讲授的“外国文学”，我想他对赋宁的情况有所了解。假如不是江隆基同志一句话给赋宁定了性，在当时的形势下，赋宁很可能被错划成右派分子，戴上沉重的右派帽子，那样不仅束缚了赋宁的智慧与才能，还会大大刺伤他的一片愿意将所学知识报效祖国的爱国心。赋宁和我都衷心感激他，同时敬重他襟怀坦白，不计较个人毁誉。后来赋宁知道江隆基同志曾留学德国，谙熟教育，他十分内疚。前两年知道电视台将播放电视剧《江隆基》。平时我们白天不看电视。那天上午播放这部电视剧时，我们屏气凝神，仔细观看，见江隆基同志离开北京大学去兰州大学后，他对党忠诚，为教育事业的所作所为，令人感动，我们深受教育，并十分怀念他。

1966年“文化大革命”开始，一场翻天覆地的变化令人晕头转向，随时都提心吊胆。一心只知埋头业务工作的赋宁看不惯以聂元梓为首的新北大公社的做法，对与其对立的井冈山派有几分同情，他竟然十分诚恳地劝说一位他平时比较喜欢、业务较好的学生，不要加入新北大公社一派，后来另外的同学告知赋宁，那位同学向新北大公社汇报了赋宁的言行，这就埋下了祸根。1967年他被新北大公社一派抓走了，一连几天无任何消息，我如热锅上的蚂蚁，坐卧不安，心急如焚。有一天我终于看见他很痛苦地走回家。他说被抓到一学生宿舍楼，用黑布蒙着眼睛，用鞭子狠狠抽打他的背部，我轻轻脱去他的内衣，只见本来就清瘦的赋宁，背上满是一棱一棱紫红色的伤痕，我为他处理着伤口，止不住地流泪。赋宁幼年时是家中的小宝贝，家人老老少少都疼爱他。

20世纪60年代，李赋宁教授与徐述华在北京大学燕东园宿舍门前合影。

学生时代，他听到的多是老师的称赞，工作时，他已成为一名谦谦君子，与友人、同事相处和睦，相互间以礼相待，婚后，我们之间即使有不同的看法，也从未争吵过。他何曾受过这般侮辱，甚至鞭笞，他肯定憋着一肚子委屈。他挺得住吗？可能是风闻赋宁挨打了，盛澄华先生忙不迭地来到我家，安慰赋宁说："赋宁同志，相信党，相信群众。"这给了赋宁勇气和信心。赋宁告诉我，在他被抓这几天，幸亏遇见一位远亲刘诚，他是北大地质系学生，可能是新北大公社一个小干部，刘诚处处暗中保护赋宁，不然赋宁的遭遇会更惨。后来听说刘诚分回西北工作，这位正直、善良、关心人的青年，不幸在工作岗位上猝死，英年早逝。知道这噩耗后，我们立即给他的家属汇款过去，表示深切的哀悼。

1968年4月，赋宁被戴上"反动学术权威""漏网大右派"两顶帽子，被关进黑帮大院。有关方面勒令我家从燕东园33号楼下搬到楼上，与杨业治先生一家同住。将杨家原来用作客厅的屋子和一间很小的屋子分给我们。两家公用厨房和卫生间。这样杨先生一家的房子紧缩了。我们一家更不用说了，我将大屋子用布幔隔成两间，布幔一边放床作为卧室，拉起布幔后，因为无窗户，黑黑的仅有大床和小床之间一小块容身之地；布幔的另一边，放一方桌，用作吃饭、看书和会客，还在窗前摆了一张小课桌和木椅，供儿子念书和写字。小屋则成了一储藏室，堆满桌、椅、书架、箱子以及厨房用具。两家公用卫生间和厨房更是尴尬。非常值得庆幸的是，杨业治先生和杨师母林葆琦老师待人十分宽厚仁慈，赋宁是杨先生教过的学生，师生之间感情甚笃。我们和杨先生一家人朝夕相处，十分融洽。我常去学校，赋宁关在黑帮大院，幸亏杨师母对星儿处处关照。赋宁在黑帮大院有时可以回家。我知道在黑帮大院的日子很艰难。沉重的劳动、审讯、交代，等等，每月只发给12元。赋宁从来不告诉我黑帮大院受苦的情况，只说很挂念我和星星。幸而我未被关起来。虽然我院对我也设有专案组，据说我是按人民内部矛盾处理，每月发给80元。以往我们雇了一位大妈帮忙做家务，现在不让来我家干活，但她的工资照发。此外还要付水电、房租等日常开销，这样所余的钱很少。平时我和星星很节约，吃得很省，这时星儿也学会了熬玉米粥，但我总在家中准备点鸡蛋、挂面及可口的食品，只要在窗口望见赋宁低着头往家走，我就赶紧去门口迎接他，并急忙给他做点吃的。有时听说可能放他回家，就炖点鸡汤、肉汤等他，盼他归来。那时候小道消息很多。不幸的消息频频传来，令人心惊胆战。赋宁的大家庭中的成员也受到巨大冲击，遭难的人不少。一位同志告诉我，他有一次见赋宁等几位同志（其中还有老人）弯着腰，背负着大石块，而手执鞭子的人紧跟在后面，赶着他们沿着未名湖旁的小道走，边走边进行游斗。我真难想象赋宁如何熬过这些苦难。赋宁在黑帮大院的 8 个月间，我的心随时都提到嗓子眼儿，好在再也未发生过被抓走、挨鞭笞的事。

赋宁被关在黑帮大院，他实在太想家了。向来不说谎的赋宁，有时竟然谎称身体不好，请假去校医院看病。准假后，他离开黑帮大院，向校医院方向走去，然后神不知鬼不觉地绕道回家来了，我替他捏一把汗，急忙给他做点吃的，让他吃完赶紧回去。万一被发现了，说不定以后不让他回家，或受别的处分。后来未听说发生意外，我那颗悬着的心才算放下来。一次他兴高采烈地手捧一些很次的苹果回来，告诉我，他每月的工资从 12 元增加到 16 元，所以买了苹果带回来，星儿也高高兴兴洗净了苹果，三人坐在一起一边吃苹果，一边聊天，享受天伦之乐。几个次质苹果所值几何，却显示了赋宁的爱心。在逆境中这种夫妻之间、亲子之间真挚的亲情在人世间是无价的。

赋宁在黑帮大院受的苦，那时并未告诉我。我了解他善良、纯真的秉性，他不愿意我为他担惊受怕，不忍心我为他操心。他做了好事，也从不宣扬，甚至不对我讲，这就是赋宁。譬如说“文革”之后，一天下午我们散步时，对面走来一个人，赋宁小声对我说：“他是北大的工人，在黑帮大院，对我们这些黑帮分子可凶了，一次我散步时，他无缘无故狠狠地打了我一耳光，骂道：‘你这个反动学术权威，还有资格散步！’”想来这类侮辱不会少，他当时从未说过。关在黑帮大院时，赋宁和王力先生一起搬煤抬砖，他将装重物的框子从扁担上移向靠自己的一端，以减轻王先生的负担。后来王先生写了如下的纪事诗：

搬煤运甓共双肩，
我已白头君壮年。
我自负轻君负重，
每怀高谊辄欣然。

这首诗是1985年我们在康奈尔大学时，我在图书馆偶然翻阅《人民日报》海外版上见到的，我抄下来，见到赋宁时，给他看，他见了淡然地笑笑说：“是这样的，这是我应该做的。”

“文革”中发生的事常令人困惑。记得当我们被勒令迁到燕东园33号楼上时，周珊凤先生、李宗津先生夫妇住楼下，赋宁曾说西语系英语教研室有三位女将，周珊凤先生、林筠因先生和张祥保先生，她们在一二年级为学生把关，给学生打下扎实的基本功。周先生本人在教学上的敬业精神，让学生感动。李宗津先生执教于中央美术学院，是著名的画家。他们二位待人谦和，彬彬有礼。谁料到有一天忽听到我们住的后院呼叫声谩骂声不绝于耳。我推开厨房后窗，竟然见到李宗津先生跪在地上受审讯，目不忍睹。我赶忙关上窗户。后来听说李先生患鼻咽癌，最后在燕东园家中自缢身亡。这么好的一家人，遭此厄运，令人落泪。

我还记得有一天，许国璋夫人忽然来到我家，使我大吃一惊的是，我几乎认不出她了。她是上海人，原来是很讲究的，注意发型，穿着也大方入时，是一位时髦的夫人，可是当时站在我面前的是一位似工人又非工人的女士，穿了一身半旧不合身的干部服，一双黑布鞋，最扎眼的是她梳了两个不长不短的发辫。那时许国璋的处境比赋宁的还好些，并未关入牛棚，可是他夫人哭丧着脸向我说："可了不得，我家搬进来一家工人师傅，他看我家什么都不顺眼。经常训斥我们。我做饭炒菜，他们都在旁边监视。"她真的快哭出来了，我只好劝她再忍一忍。我说赋宁在黑帮大院的日子更不好过。我很庆幸我们和杨业治先生一家住在一起。回顾那时的经历，似一幕幕噩梦。那时我们多么急切地盼望这种混乱的局面早日结束。

1969年在"教育为无产阶级专政服务，与工农兵相结合"的号召下，我院师生在东方红炼油厂劳动，接受工人阶级再教育。突然一号命令下来，学院领导宣布我院要在一周内迁到山东东营胜利油田办学，让我们立刻回家准备，按时到校集合，毫无商量余地。我急忙奔回家告诉赋宁，可能经历了黑帮大院的折磨，增长了应付意外事情的能力，赋宁还比较沉着。他与我商量应做哪些准备，又是千叮咛，万嘱咐，说他一定把我们的宝贝星儿照顾好，让我放心。

1969年11月初我去山东，1977年才归来，在胜利油田共待了8年。我院的院址就选在油田。这个地方是不毛之地，树木很少，学院的四周是采油磕头机。我们住的宿舍是向大庆学习建造的。用泥土打夯筑成墙围，屋顶用木条架起来，铺上油毡，盖一层泥土，再铺上一层油毡以防雨，就这样构成了“干打垒”房屋。单身教师两人住一间，大约十平方来大的屋子，睡觉、做饭和工作都在这间小屋子里，远处有公用厕所，洗涮在公用盥洗室。当时认为我们住“干打垒”，过简朴的生活是很革命的，我的脑海中隐隐约约有被流放的感觉。虽然那时赋宁和我都在国内，北京距山东并不很远，但相见仍很难。虽然是教师，但无寒暑假。学院领导提出的口号是过红色的革命寒暑假，安排政治学习、参加劳动以及模拟军事野营训练的拉练活动。每年只允许在春节期间探亲12天，不能超假。我去山东后，赋宁自己撑起这个家，星儿尚年幼，他既当爸又当妈，真真太难为他了。

回想当年探亲，从山东东营胜利油田回到北京，路程虽不远，可够惊险的。首先从学校到小火车站是很长的一段土路，由教研室的年轻男同事用自行车驮我们这几位年龄稍大的女同志，还要带一个旅行包。他们小心翼翼唯恐将我们摔下来，我们也紧张地抓着他们，一路颠颠簸簸，至基地小火车站，乘火车至张店。当天就睡在张店石油部招待所，那是一间可容纳数十人的大屋子。因为是春节前，屋里挤满了人，有工人、家属、小孩和老人，混杂着尿臊味、汗味，晚上大人说话、小孩哭，都让人无法休息，我们常常宁可在张店火车站的长椅上坐一通宵。天刚亮便提着旅行包奔往经张店驶向北京的站台上等候。远远望见火车来了，也是最紧张的时刻到了，人很多，都往前挤，因为火车只停三分钟呀！于是我院回京探亲的男老师，用尽全身力气，将我们几位女的，连推带拉塞进火车里，常常还未站稳火车就开动了。大家相互望望，未丢下一位，才算松了一口气。站在火车过道上，摇摇晃晃，劳累极了，可是归心似箭的我，当火车驶进北京站，见着赋宁在站台上望着我，微笑着向我挥手，我一路上的苦累早抛到九霄云外。照例我下火车，他就迎上来，帮我提旅行包，我们高高兴兴地回到家。探亲假满回学校，他为我提旅行包，送我上火车站，依依不舍地挥手告别，刚聚首，又别离，只好再盼来年。我在山东度日如年，可是回到北京，我们又感到光阴似箭。在山东 8 年，赋宁就这样为我提旅行包，迎我送我。实际上我在退休之前，每年都去外地开会，也曾多次出差。除非赋宁不在北京，或者因公事不能抽身，万不得已，否则无论酷暑严寒或风雪雨天，温存周到的赋宁总是为我提旅行包送我迎我，一次也不落下。

我们在分离8年的漫长日子里，只好用两地书联系，那时写的不是情书而是家书，但也可说是情书的续集，因为他的信仍然是温情脉脉。他依然是每周末提笔，工工整整地写，只不过是挂念代替了思慕，信中的内容多了一些家庭琐事，倒也有每周见闻。当时我们这批家不在山东的同志，吃住在“干打垒”的屋子里，走出房门，只见采油的磕头机在那里不停地机械地磕头，周围树木很少，一片荒漠之地，生活比较单调，所以盼家信成了生活中的一大乐事，真是“家书抵万金”。我是很思家的，赋宁工工整整一笔一画地报平安，让我放心，可真是那样平安无事吗？我很难想象他这样书生气十足的人，如何操持家务。他的每一封来信我都仔细阅读、猜测，我放心不下他和星儿，心中不踏实。他的来信也提到去延庆张家营公社参加劳动改造思想，去昌平200号分校农场劳动，去飞机场开门办学，去南郊红星人民公社。我给他的信，除了报平安和叮咛、嘱咐外，也告诉他一些很难想象到的在油田办学的逸闻趣事。

70年代初，我系派我去大连石油七厂参加科研会战近一年。当时星儿是北大附中的初中生。我和赋宁商量，想让孩子到大连去一周，借此机会让他去滨海城市开阔眼界，让他一人乘火车去大连也是一种锻炼。当他乘的火车进大连站时，我早就在那儿等待。火车进站了，我不知道儿子在哪节车厢，我来回跑，一边挥手，一边呼叫李星，焦急和盼望的心情，难以名状。很高兴地接到星儿，却无时间陪他，只好让我院在七厂工作的学生带他去海滨抓螃蟹、拾蚌壳，他也一人独自去大连市游览。就在这时，赋宁来信说，昆明一个关在监狱的犯人供出赋宁曾与他一起工作过，是国民党的特务，真是无妄之灾，赋宁又一次被审查，他一人在家，不知如何受煎熬，我远在大连心急火燎，也无可奈何。很幸运的是，经过继续审讯那位犯人，他说李赋宁戴一副眼镜，所供出的特务的模样与赋宁完全不一样，这次审查便算了结，赋宁又逃过一劫。倍感欣慰的是赋宁的问题清了，星儿才能上高中，在人生学习过程中，高中是重要阶段，为他未来继续学习和发展创造了条件。

两次访学

1976年打倒“四人帮”后，“文革”结束。在邓小平同志主持中央工作的形势下，教学秩序逐渐恢复。

1977年我回到北京，在我院在京设立的石油天然气文摘编辑部工作，结束了赋宁和我两地分居8年的生活。随着教育形势的发展，以朱亚杰先生为首的编辑部领导同志认为从山东调到编辑部的教师中很多都是教学、科研骨干，不能只做文摘工作，这样是浪费人才，因此积极向石油部反映，着手筹办研究生部。我们这批教师必然要承担指导研究生的任务。我暗自琢磨，我是1948年大学毕业的，当年上学时念的《有机化学》很浅显，《分析化学》局限于无机物的定性和定量分析。虽然通过自学以及教学和科研实践，尤其是从燃料研究室调到清华大学化工系，担任有机化学家张锦先生的助教，历时7年，我的业务水平大有提高，但仔细想来，自己耽误的时间还是太多了，已远远落后于现代科技发展要求。何况我自己未曾受过研究生阶段的严格训练，因此对承担培养研究生的任务心中无数，用现在的流行语说，我急需充电。我院也陆续派了一些教师以访问学者的名义出国进修，其中许多是党员同志，而且都比我年纪轻。我无出国深造的机会。赋宁深知我心，他在耶鲁大学学习时就曾萌生为我出国深造创造条件的念头。1981年他获得重返耶鲁大学的机会，1985年又获得赴康奈尔大学的机会，这两个学校都是在国际上享有盛誉的名校。令赋宁最高兴的是，这两次出国都能带我同往，赋宁和我抱着迫切再学习的愿望。在美期间除了参加必要的社交活动外，我们将绝大部分时间用于学习，似乎又回到学生时代。两次赴美，赋宁将许多时间都消磨在图书馆，同时他也去旁听同行专家的课。在康奈尔大学时，赋宁很刻苦地随班学习希腊文。我如饥似渴地学习，在美国一般都是请知名的富有经验的教授讲授基础课。我旁听基础有机化学，了解他们的教学水平，收集有关的教学资料。旁听为研究生开设的高等有机化学课，参观实验室。课余就去图书馆阅读教师给学生指定的参考书及最新出版的有机化学书籍，收集我研究领域的资料文献。赋宁和我每天早晨同时出发，按我们各自的计划进行学习，中午回住处吃午饭，取消了在国内睡午觉的习惯，又奔往图书馆，感到生活充实而有意义，十分愉快。

我在康奈尔大学时，有幸旁听了著名质谱学家 F. W. McLafferty 教授的课，他讲课生动，颇有特色，不愧为国际著名学者。我购买了他的名著 *Interpretation of Mass Spectra* 的第一版。因为我对质谱学比较生疏，认真仔细地阅读了 McLafferty 的著作。这本书不厚，共

274页，我竟发现有46个化合物分子转化成离子分子或离子分子转化之反应式有误，我写了三页勘误表。我想可能其中不少是打印的错误，也有的是我的不同看法。我想投稿质谱学期刊，与McLafferty教授商榷。我将这一想法告诉赋宁，他慎重地说，美国学术界的情况，我们不清楚，劝我别贸然行事。他立即给美国化学界的知名教授，也是赋宁的老朋友王瑞铣教授去信征求他的意见。王教授很快就复信说，对McLafferty教授不可造次，可能影响不好。建议我直接给这位权威私人去封信，我立即按照他的建议办理。不久就收到McLafferty教授的复信。下面抄录他复信的部分内容，留作纪念。

Dear professor Hsu:

I am delighted to have your very extensive list of misprints of “Interpretation of MS”—certainly a most valuable holiday gift.

In studying these, it is obvious you have found many typographical errors. If a student did not recognize these, they could cause confusion, and I assure you that these will be corrected in the next printing of the book.

A few of your suggested changes come down to points that are more difficult to argue...

Thank you again for your very careful study of this book. Tibby joins me in wishing you and your husband a very happy and prosperous new year.

Sincerely

F. W. McLafferty

Professor of Chemistry

正值新年前夕，McLafferty 教授及其夫人邀请我们夫妇去他们家晚宴，在座的有清华大学的张光斗教授及其女儿、康奈尔大学知名的美籍华人教授吴瑞及夫人等，大家共度了一个愉快的夜晚。

儿媳丹丹曾说赋宁和我的性格互补，她认为这样是比较理想的。那就是说赋宁的优点正是我的缺点，而我的某些优点可能恰恰是他的不足之处，上面所述与 McLafferty 交往的事便是一个例证，赋宁说话行事不紧不慢，不急不躁，遇事考虑周到，而我的性格较急躁，在处理一些事情上，难免轻率，赋宁在这方面对我帮助很大。

改革开放后我两次随同赋宁访美。赋宁已30多年与美国隔绝，这两次访美见到耶鲁大学的老师、当年的朋友，并有机会与许多同行学者进行充分的交流，研讨学术问题，我见他常常掩盖不住内心的喜悦。他遇到在美定居多年的西南联大学友李博高，异国遇故交，也是人生难得的一大乐事，我们受到李博高夫妇的热情接待。我们去耶鲁大学时，见到与赋宁在西南联大同时经过考试选拔赴美深造的王浩。他热情地在家中接待我们，那时他已是国际知名的数理逻辑学的学者。一次他颇坦率地和我交谈，他说如果赋宁当年去美深造时，就定居美国，凭赋宁的天赋、语言根基和勤奋，他在学术界会很有成就的。我曾和赋宁谈到那次王浩的谈话，问他是否后悔1950年毅然回国的决定。他毫不迟疑地说："我愿与祖国共命运，对我当年的选择，从来没有后悔过。"

1986年从康奈尔大学归来后，每次提及两次赴美之事，他诚恳地说："我感谢你两次陪我去美国，我过得非常愉快。美国朋友热情地邀请我们做客，你也多次回请他们，你太辛苦了，我实在过意不去。"事实上，应该说感谢的是我。赋宁给我创造了两次赴美学习的机会，我受益不浅。我未曾出过国门，有了访美的机会，增加了不少见闻，结识了不少新朋友，得到不少乐趣，这些都是赋宁带给我的。好心的赋宁反而一而再、再而三地感谢我两次陪他访美。这就是赋宁的可贵的品德，他记得别人对他点点滴滴的好处，而自己无论做了什么都闭口不谈，认为是自己应该做的。

1987年，赋宁70岁时退休了。那时他还给研究生上课，不过他自己有时间写作了，开始忙于埋头写书、写文章。我是65岁退休的，续聘一年，到1990年才真正退下来，因此他退休时，我仍然很忙，每天骑车去我院研究生部，早出晚归。1991年赋宁编著的《英语史》由商务印书馆出版了。他高兴地送我一本，我看了前言，再翻开下一页，赫然见到以下题词：

献给爱妻徐述华教授

——感谢她的鼓励和支持，

这本书才得以完成。

他默默地写书，从未透露要在书上写表示感谢的话，可能想让我惊喜。我见到后，确实很出乎意料，也很感动。

我深知这是他真情的流露，他毫不掩饰。赋宁是极其纯真的。在西方将自己的著作献给妻子或其他人，并不罕见，而在我国，虽然已经改革开放了，但是当时尤其是一位老知识分子这样做，仍然是令人瞠目结舌的惊人之举。

随着时光推移，且不说赋宁的老师辈已逐渐谢世，他的同行知己如杨周翰、周珏良、王佐良、许国璋、牛其新、徐孝通等人，一个个销声匿迹，离开了这个世界。赋宁本人也不能如以往一样，活跃于学术界，再也不能如以往那样孜孜不倦地学习。他有失落感，随之情绪低落，心情忧郁。身体逐渐失调，赋宁有遗传性便秘，年轻时就为此困扰。身体失调时，便秘加重，同时疝气频犯。事后我方才知道，当他在康奈尔大学学习希腊文时，可能用功过度，伤及身体，那时候开始犯疝气，恐我担心、着急，又不愿意中断希腊文的学习，因此当时一直对我隐瞒。赋宁为我着想，殊不知反给我添苦恼，为了他的疝气，曾几次上医院急诊求治。继而累犯肠梗阻。为此我深深感谢北京医科大学第三附属医院的消化科专家李益农大夫。李大夫古道热肠，赋宁患病时，我打电话求助于他，他也已是花甲之年，但马上骑自行车从中关园他家来到朗润园我家为赋宁诊治。李大夫对赋宁和我的帮助，我至今难忘。

赋宁曾先后住积水潭医院和北医三院治疗肠梗阻，都用的是保守疗法，病情缓解后即出院，未曾根治。第三次犯肠梗阻，情况严重，急诊住进北医三院，经大夫会诊，最终的意见是赋宁已年过80岁高龄，做手术风险大，但不做手术风险更大。我签字同意做手术时，手打颤，腿发软，真是失魂落魄。万幸的是，手术进行得相当成功。他手术后，住院一个多月，每天早晨我和述德妹去病房指导、协助护工照顾赋宁，下午四点左右儿媳丹丹来接班，天黑以后才回家，让赋宁从早到晚都感受到亲人在身边的温暖。赋宁恢复得相当好，又算闯过一关。

迈进80岁的赋宁真是多灾多难，也是一次偶然的机会，我发现他腹部离肚脐不远处向外鼓出半个鸡蛋大的包块。赋宁自认为问题不大，唯恐我操心、焦虑，一直对我隐瞒，不告诉我。我发现后，立即带他去校医院，大夫诊治结果，认为是一脓包，切口引脓，涂上药，贴了纱布胶条，回家后，每天请大夫来换药，心想脓尽即病除，出人意料的是切口处总是有脓，伤口依然不愈合，历经一月仍然不见好。我正着急发愁，不知如何是好。一日傍晚侄婿韦加宁大夫来我家，见此情况，急呼不行，立即陪赋宁和我去他所在的积水潭医院诊治。不到一天时间，查清了病根，原来系胆囊发炎化脓，脓液经过腹部一窦道流至腹部，积成一脓包。紧接着便请经验丰富的普外科主任刘延福大夫亲自动手术。加宁在手术室陪着赋宁。手术很顺利。若再不做手术，脓液流至腹内，将引发腹膜炎，非常危险，赋宁又一次逢凶化吉，再次闯过一大难关。

那几年赋宁患病时，曾几次大便失禁，玷污了衣物，我为他擦洗，清洗衣物，他很感不安，实际上我闻不到臭，也不觉脏，我一门心思，想方设法，让他能逐渐健康起来。经过两次手术后，我对他身体的保健倍加小心，赋宁也主动配合。我从饮食调理，谨慎选择保健品，坚持适当的锻炼，并增强他康复的信心。赋宁秉性纯厚，他热爱生活，热爱家庭，热爱祖国，盼望自己能健康长寿。虽然已年过80岁，经过几次病灾，仍然康复得比较好，真有劫后余生的感觉，心情无比轻松愉快。那时我们住在朗润园，早饭后赋宁和我漫步荷花池边弯曲的小道上，小道左边是荷花池，右边小山坡上有虽然不高，却浓郁的矮树林，时时习习凉风拂面吹来，也令人心醉神怡。我们来了兴致，将一首我们在学生时代就已流行的歌曲

金婚照，2000年摄于北京。

之歌词略加改动如下：

The more we get together, together together.

The more we get together, the happier we will be.

For I love you profoundly, you love me deeply.

The more we get together, the happier we will be.

歌词中画线的是我们自编的词。我们两人一起散步时，或在家中，喜欢愉快地合唱这支歌曲，不妨戏称之为《老伴情歌》。

时光飞逝，当跨入2004年，在春节时，赋宁尚能迎宾客，唱京剧。可是我总感到他的生命竟似风下摇曳的烛光，日益微弱。这时候我还坚持陪伴他在我们住的小区内曲折的小道上散步，我们手牵手缓慢地步行，一次我不慎踏在一浇水用的粗塑料管子上，摔倒了，这时赋宁用尽全力拉着我，才使得我不致摔伤。我至爱的老伴在自己身体已经很虚弱的时候，仍竭尽全力保护我，回想至此，我内心酸楚，禁不住泪如雨下。

艰难地进入2004年3月，赋宁的身体已明显地呈现病象，我的表侄女沈学珍得知消息后，迅速从四川赶来我家，帮助护理了两个多月，我们曾请名医来会诊，那段时间赋宁的病情迅速恶化，住进医院时已昏迷。一日我从医院回家，偶然去他的书房，见到赋宁在书桌上留下他写的字条，已不再是以往他所书写的方正规整的楷书，而是歪歪曲曲，词不达意的字迹如下：

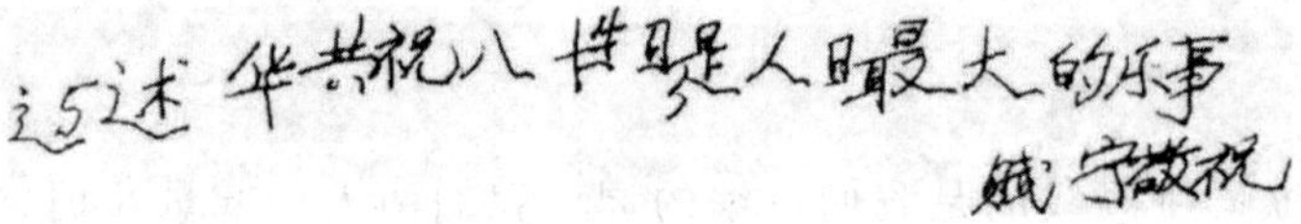

我 80 岁的生日是 2004 年 3 月 3 日。我明白他写的是“与述华共祝八十岁生日是人生最大的乐事”。我深深地感谢赋宁。我知他心，但见此条我心寒，心想这可能是赋宁的绝笔了。我哀痛万分，肝肠寸断。我去医院时，在病床边，贴近他的耳旁，低声唱我们的《老伴情歌》，我希望能唤醒他，能出现奇迹，但一切渺茫无望，终于令我魂飞魄散的时刻降临。2004 年 5 月 10 日，赋宁突然舍我而去，我日夜魂牵梦萦忘不了他。

回想 58 前的 1946 年暮春，那时抗战胜利不久，赋宁和我初次相识，那时赋宁 29 岁，我 22 岁，正是充满了希望与幻想的年龄，也就在同一年的初秋，很巧合，我们又在南京相会，我们愉快地荡舟玄武湖，数着石阶梯欢笑着走进中山陵，还登上灵谷寺高处。我们在南京订婚了，然后赋宁远渡重洋去美国耶鲁大学深造，度过整整四年漫长的岁月，虽然远隔千山万水，但我们的心仍然紧紧连在一起。

新中国成立了，赋宁欢欣鼓舞地急于回到祖国，以便用学到的知识为祖国服务，同时也盼归来与我团聚。1950 年又是初秋季节，我们在清华园工字厅举行婚礼。自此我们成为一家人。我们两人都在大学教书，都将身心投入到教学工作中。婚后的生活虽说平淡，但也充满了温馨、乐趣与发自内心的欢笑。随着社会的变革，日子渐渐不再是那么风平浪静，而是难免有疾风骤雨、惊涛骇浪，我们走过的路也再不是那么平坦，有时候充满阳光，但难免路上荆棘丛生、泥泞难行，甚至会使人滑倒，陷入泥坑中。赋宁和我在顺境中欢乐同享，在逆境中，则相互支持、鼓励和帮助，相互吸取了无穷的力量，这才能平平安安走出荆棘，跨过泥坑，渡过灾难。并终于能手牵手共同进入 21 世纪。

跨入新世纪时，我们都已是退休老人了。这时总算有一个比较宽敞、安适的家居，可是我的年龄已逼近80岁，赋宁也远超过80岁。我们同甘共苦，相濡以沫，历经风雨，相依相伴共度了50多年，现在都老了，更加互相依恋。往日我每次外出归来，他似孩子般高兴地说：“我在阳台上已盼你好久了，你平安回来，我就放心了。”有时候还会补充一句：“你不在家，我真想你。”而当他去楼下，在小区内特开辟的弯曲小道上散步时，我在阳台上见到他缓慢，但仍然稳步地向前走，我感到无比欣慰，可是今日我站在阳台上，弯曲的小道依旧，而我已无处寻觅到赋宁的身影。我泪眼模糊，深深地怀念赋宁。当我回忆赋宁，提笔写赋宁时，他的面影似又温存地微笑着回到我身旁。

忆父亲李赋宁

李 星

父亲离我而去了，但他仿佛仍在我的身旁，我不时在梦境中和他相见，终于体会到了斯人已逝、精神永存的含义。我把从记事以来父亲给我讲的故事和我观察到的他的生活片段写出来，作为对父亲的纪念。

父亲一直在北京大学当西方语言文学教授，给人的印象是温文尔雅，有些洋气。但我觉得他内心深处与外表形象不尽相同。

我家的家谱可以追溯到明朝末年，祖籍山东。因为犯了事，逃难到了陕西蒲城县。至今在村里的坟地还可以找到第一代到陕西的祖先李十八的碑文。每当父亲讲起这段历史，听众都会面露微笑，无法想象父亲这样的书生会有犯事的祖先。从那以后，直到我爷爷的爷爷，都是纯粹的农民和工匠。我爷爷的奶奶，虽然不识字，但一定要让她的孩子读书，这样我爷爷的父亲李同轩考上了秀才。据父亲说，李同轩是孙中山先生同盟会的成员，参加了辛亥革命，还在陕西成立易俗社，宣传新文化。位于西安的易俗社今天仍在，记得20世纪70年代我上中学的时候去西安，我的叔叔李赋洋带我去听易俗社的秦腔，当时还太小，体会不出秦腔所隐含的豪情。我的爷爷李仪祉也是一位名人，在《辞海》上有他的条目和画像。他考上了秀才，又是北京大学前身京师大学堂的学生。后公费留学德国，在船上剪掉了辫子。他先修建筑，后改修水利。辛亥革命期间，爷爷买了一把手枪回国参加革命，这种激情又跟父亲温雅的形象构成了对比，引来听者的微笑。爷爷后来回国在陕西修建泾惠渠、渭惠渠等关中八惠，造福百姓。1982年、1992年和2002年中国水利学会召开了李仪祉先生诞辰纪念会，第一次在人民大会堂召开，我父亲参加了会议。第二次和第三次分别在陕西泾阳和郑州召开，因为父亲年纪大，身体不好，我代他参加。通过参加这些纪念活动，我对于爷爷的事业和陕西老百姓对爷爷的感激之情，有了更深切的体会。爷爷是黄河水利委员会的第一任委员长，并曾任水利部部长。爷爷因为积劳成疾，在父亲20岁时就去世了。我曾经问过父亲，在爷爷去世时他有什么想法，父亲说突然觉得长大了，从今一切要靠自己发奋努力。

父亲就读过南开中学，后来考上清华大学英文系，吴宓先生是他的恩师。日本侵华后，清华大学南迁，父亲取道长沙到昆明，在西南联大完成了本科生和硕士生的学习，并开始任教。父亲每当谈起西南联大，就特别动情。当时朱自清伯伯开设中国文学课，父亲开设西方文学课。直到本世纪初，父亲还是西南联大校友会的热心召集人之一。我感到，父亲做学问的严谨认真，对于文学作品和历史事实的娴熟都是那时打下的功底。父亲常常提起那些大师和名人们，对我们小辈来说真是神仙般的传奇。父亲一生中的好朋友如许国璋伯伯、王佐良伯伯、周珏良伯伯、牛其新伯伯等就是西南联大的同窗好友。父亲最喜欢对我讲的是他在西南联大期间住的房子年久失修，曾经掉下来一只乌鸦。我小时候非常喜欢小动物，又不懂事，就经常盼望从屋顶掉下乌鸦。父亲后来考上了公费留学，他出国乘坐的船上有若干名人，如诺贝尔奖获得者李政道、数理逻辑大师王浩伯伯等人。父亲到了美国耶鲁大学研究生院学习，专攻古英语，考过了博士资格考试。1950年响应新中国的号召，也为了爱情，回到了祖国，在清华大学任教，同年我父亲同我母亲徐述华在清华大学工字厅结婚。

我出生于1956年，父亲说那年是他的大喜事，年近四十得了儿子，从我记事时起，就感到父亲对我无微不至的关爱。据说我小时候会走了还不会爬，父亲就在草地上给我示范。有客人来见到此情景，成为了笑谈。父亲只有我一个孩子，我的叔叔李赋洋有六个小孩，他们一家住在西安。我的堂兄堂姐堂妹来北京时，家里就跟过节一样，非常热闹，我的堂兄李晨排行老四，小时候长得像维吾尔族人，非常活泼可爱，和我父亲也很有缘分，他们最喜欢的事是比赛吃辣椒，真是蛮劲十足。因为是独子，父母对我自然很娇惯，我小时候也经常在家中无法无天，但有两个人我是十分害怕的，一个是我父亲的恩师吴宓先生，另一个是我的大伯父李赋京。他们来时我总是乖乖的。父亲和母亲有时候也带我拜访陕西同乡、著名民主人士张奚若先生。因为父母都是高级知识分子，我小时候的家境应该说相当好，但在1962年至 1963 年困难时期的照片上，父母都非常消瘦，我却比较胖，看来他们把好吃的东西都给我了。“文化大革命”以前，父亲母亲都很忙，星期天是他们陪我玩的时间，其他时间他们或者上班，或者忙着看书，我去找他们，一般都是只说几句话，他们又去干自己的工作。父亲工作非常投入，写的字非常工整，我记得小时候经常听父亲说要“开夜车”，当时还以为他会开汽车。邻居说父亲书房的灯总是最后才关。我的印象中父亲是典型的老好人，对人总是笑眯眯的，非常客气，同时父亲又是典型的书生，不问政治，一心做好教书工作。

“文革”前的知识分子政策是不断变化的。记得小时候，父亲参加了莫干山的休养，带回了在当地购买的毛竹桶。我原来印象中北京的竹子都是细细的，没想到有那么粗的竹子。刚从莫干山回到北京，父亲又被派到昌平县十三陵水库附近的农村参加劳动锻炼。父亲既会享受休养，又积极参加劳动锻炼。他与十三陵附近农村的一位老乡交上了朋友，该老乡听力不好，我叫他“聋子伯伯”。小时候我非常奇怪为何父亲大多数的朋友都是文雅之士，但也有完全不同的朋友，如十三陵的吴聋子伯伯，那时他每到北京城，必到我家做客，父亲非常热情地招待他。

我小学三年级的时候“文化大革命”开始了。按说父亲这样的老好人不应该被“革命”，但有时他陕西人性格中的硬气却使他被抓、被打，在“文革”中饱受磨难。因为父亲同情他的一些学生参加的一派组织，于1967年被另一派组织抓起来。被抓的头几天，我母亲和我没有任何他的消息，生死不明。后来被放出来时，他的身上到处都是紫色的伤痕，我吓坏了，但我母亲非常勇敢，含着泪水给我父亲包扎伤口。据说父亲在挨打时非常硬气，绝不求饶。父亲喜欢交朋友，三教九流都有。“文革”期间，我家里经常有外调人员，逼问他有关人的情况。父亲在那样的情况下非常坚持原则，交代时一是一、二是二，因为父亲的记忆力很好，回答的事实清楚，也救了一些“文革”中蒙难的朋友，如武汉大学的薛诚之伯伯等。但遗憾的是“文革”中被关在监狱中的一个人讲了一些不实之词，使父亲在“文革”后期又再次被隔离审查。1968年4月底父亲被关在北大民主楼边的黑帮大院（即现在赛克勒博物馆的所在地）。那时每当我经过那里，总听到他们集体站在院中背诵语录的声音，感到非常压抑。那里关的不少是北大的大师级人物。后来随着政策的宽松，“黑帮们”经过请假有可能被批准在周末回家。母亲每次都准备很多好吃的东西，一家三口可以有几小时的团聚，很快乐和幸福。我很感谢父亲和母亲，他们在那样的逆境下可以比较快乐地活下来也很不容易。我的小学和中学有同学的父亲在“文革”中自杀，使他们成了孤儿，很可怜。记得父亲给我看他在黑帮大院中抄写的中英文对照毛主席著作，字体非常工整。父亲的这种学习精神给我留下了很深的印象。

随着政策的变化和落实，黑帮大院被解散了。父亲回到了家中。但母亲所工作的石油学院于1969年迁到山东东营胜利油田，父亲和母亲开始了8年的两地分居生活。那年我刚刚上初中，父亲开始又当爹又当娘。父亲有些书呆子气，不会管家，但他无微不至地照顾我。后来，他又到京郊延庆县、北京首都机场等地开门办学，每周最多回家一次，每次回家他都为我准备很多吃的东西和一周要穿的各种衣物。当然，随着年龄的增长，我逐渐能够自己管理自己了，但父亲总是不放心，用他那做家务并不麻利的双手为我准备这、准备那。在农村的开门办学和劳动锻炼又使父亲交上了新的农民朋友，如延庆县的刘春，后来也常到我家来。由于母亲不在北京，父亲在“文革”中有一段时间养成了喝酒的习惯，与三轮车工人等在酒馆交上了朋友，他们应该不知道我父亲其实是北大的教授，彼此聊得也很投机。母亲回京后，父亲的酒就戒了。

“文革”结束后，父亲参加了《毛泽东选集》第五卷的翻译工作。他知识渊博，工作一丝不苟，受到了好评。1977 年恢复高考后，父亲对于本科生和研究生的教学投入了极大的热情，培养了很多高材生。我在清华大学读书期间，清华大学学生会专门请父亲做了学习英语的讲座，清华的主楼后厅座无虚席，听众反响非常热烈。这大概是我听父亲所讲的唯一一堂课。后来我听有的同学说，李星那么不爱说话，他的父亲却讲得那么生动，简直是两个极端，成为笑谈。

虽然我是独子，但父亲和母亲积极鼓励、帮助我出国留学，我在美国 8 年，获得硕士和博士学位，并做了博士后，当了兼职副教授。我在美国期间，父亲和母亲每周给我写信，我也每周给他们写信，可见感情之深。1984 年父母亲应邀到美国康奈尔大学做研究，圣诞节期间，我在英国读书的妻子申丹也到了美国，一家人在风景如画的康奈尔大学所在地，在图书馆看书，参观博物馆，会朋友，做中国饭，感觉很好。父亲对于读书，对于教书，对于帮助同事和学生，对于任何交给他的工作都一丝不苟，兢兢业业，全身心投入。但他虽然学问很好，只有在退休后方能潜心著作。

1991年我回国后，目睹父亲和母亲的年纪越来越大，心中很是辛酸。父亲在他那一辈大排行为老四，大伯、二伯、三伯、五叔、六叔、七叔都先于父亲去世。父亲的好朋友，特别是许国璋伯伯、王佐良伯伯、周珏良伯伯、牛其新伯伯等先后去世，使父亲感到非常的忧郁。虽然他的学生来看他的时候，他表现出较高的兴致，有时还唱几段京戏，但我感到了他内心的失落。终于，父亲于2004年5月10日，在我的本命年里患病去世，走得很安详。

记得看过的一本书里这么说过，一个小男孩觉得父亲是世界上最伟大的人；小男孩长大了，觉得父亲也有些东西不知道；再大一点，觉得父亲也没有什么了不起，自己可能会比父亲强；当岁数更大的时候，觉得父亲还是很厉害的；最后觉得父亲的伟大和智慧只有自己到了同样的岁数才能体会。我在我目前的岁数，体会和领悟父亲：

我觉得父亲是一个感情非常细腻的人，对儿子、对妻子、对儿媳、对父母、对兄弟姐妹、对朋友……这样的人会有美满的家庭和很好的人缘。

父亲是一个对于学问极其严谨的人，他视书为宝贝，视图书馆为家的一部分，做学问是他的爱好和兴趣。

父亲是一个多才多艺的人，他精通多国语言，喜欢唱京戏，拉胡琴。

父亲是一个极其顾家的人，他承担过父亲和母亲的角色，他为了家庭可以承受“文革”中所受的屈辱。他为了照顾孩子和家甚至可以牺牲一些做学问的时间。

父亲是一个非常重视友情的人，他的朋友三教九流都有。他的有些朋友之间可能是学术上的对手，但都视父亲为朋友。

父亲是一个非常有骨气的人，他对于原则问题从不低头，具有从山东人到陕西人的骨气。

2004 年 10 月

人格的魅力

——怀念我的公公李赋宁[1]

申 丹

李赋宁先生作为我国外语界的一位大师，在外语教学和研究方面的建树享誉甚广。在外语界的一代宗师当中，他杰出的人品更是有口皆碑。作为他的儿媳，我有幸近距离受惠于他超凡脱俗的高尚品德。

我之所以成了李赋宁先生的儿媳，与他的人格魅力不无关联。1981年秋，我在北大英语专业研究生入学考试中考了第一，因此获得由教育部公派留学英国的资格。在1982年春的出国预备期，系里让我教法语专业的英语。

1 本文原载《国外文学》2004年第3期。作者现任北京大学教授。

一天，我到燕东园去取试卷，要找的那位老师不在，我就去了附近的石幼珊老师家。石老师问起我那在美国伯克利大学读博士的男友，我告诉她因性格不合，已决定分手。石老师则告诉我，李先生曾为他的独生子李星相中了我，一年前曾托她打听我是否有男朋友，当得知我已有男友时，感到很失望。她问我是否愿意跟李星接触。当时离出国只有几个月了，在这之前，我曾跟对学生关怀备至的班主任刘意青老师谈过跟男友分手的事，并讨论是否在出国前再交新的男友。商量的结果是：先出国读书，读完再说。但我终究没有坚持这一计划，因为相信“有其父必有其子”。

第一次见到李先生，是在1978年系里组织师生外出看原版电影时乘坐的车上。路上我一直和他闲聊，觉得这位大学者很有绅士风度，温文尔雅，和蔼可亲，一点架子都没有，给我印象极好也很深刻。李先生为我们77级同学上了一年的英国文学选读课。听他的课是一种享受。他讲一口标准的英国英语，抑扬顿挫，很有节奏感。他讲课一板一眼，十分清楚、系统；上课也很投入，一兴奋起来，表情和手势“协同作战”，极富感染力。整整一年的师生关系，大大缩短了我跟李先生的距离，也加深了我对李先生学问和人品的敬仰。在他的人格魅力的感召下，我开始了跟李星的接触。

1982年秋，我赴英留学，次年秋李星赴美留学。1987年冬我回到北大工作，李星1991年夏完成在美国的博士后研究，回到他的母校清华大学工作。我们这才结束了牛郎织女的生活，在燕园安了家。这样的经历在我们的父辈，也许并不鲜见，但在我们这一代，交往仅五个月就两国分居九年而依然固守原来的选择，也多少算个奇迹了。我的不少朋友想知道李星如何牢牢地牵住了我的心，秘密主要在于他从父亲的遗传和教养中得到的宽阔坦荡的胸怀、善良温厚的天性、儒雅谦逊的气质、广博的人文素养、喜欢自嘲的幽默感、天真纯朴的童心和对妻子的满腔柔情爱意。我曾跟一些朋友说过，李星跟他父亲一样，是世上少有的能为妻子做出牺牲的男人。婆婆和我都认为自己是最幸运的妻子。患病前的公公对婆婆的悉心关照曾多次令我感叹不已。公公39岁才得子，对独子宠爱有加，儿子自然没有养成在日常生活中照料他人的习惯，但从李星充满关切的话语和眼神中，我仍能感受到他十分体贴的天性。在重大问题上，李星总是和父亲一样，以妻子为重，这让看惯了成功男人以自我为中心的我倍感幸运。我的公公婆婆是世上感情最好的夫妻之一，这对李星有很好的潜移默化的作用。我常常不自觉地将李星与他父亲进行比较，从心底里感激公公婆婆培养了这么好的儿子，给了我这么好的丈夫。

李赋宁先生之于我可以说不是父亲，亲如父亲。也许是前世有缘，老家陕西、生于南京的公公与在河南出生长大的家父居然成为初中（北京三中）、大学（西南联大）、研究生（清华研究院）的校友，又都在20世纪40年代末去美国留学，50年代初返回祖国投入新中国的建设。而且，两人都是有名的模范丈夫。“文革”前就成了副教授的家母酷爱读书，不善家务，父亲成了三个孩子和夫人的“全权保姆”。尽管在生活照料上，能干的家父超过了公公，但在对妻子的柔情爱意上，家父却不及公公，事业发展上就更是如此了。我在湖南工作的父母身边长到19岁，然后到北大上学，从英国回来后，跟公公婆婆共同生活了三年半，后来也基本天天见面，共进晚餐，有幸长期直接感受公公的为人处世与治学之道，得到他慈父般的关爱。

身为著名学者，李赋宁先生虚怀若谷，谦逊过人。他给家人做了事情从不表功，受到赞扬也总是自谦一番，觉得是应该的，做得还不够完美。此外，还经常“转移目标”，将表扬引向其他相关的人，包括家里的小阿姨。但家里人若做了什么好事，他总是第一个予以夸赞，由衷地表达感激之情。他是家里对别人的长处最为敏感、最能欣赏、最心存感激的人。当家人或客人谈到李先生学术上的造诣时，他也往往会提到在这方面卓有建树的其他学者，对他人称赞一番，而不是洋洋自得。他向初次来家的客人介绍自己的爱妻时，也总是带着谦恭的微笑，彬彬有礼地说“这位是徐述华教授”，以示对夫人的尊重。无论地位高低，工作性质如何，李先生对所有的人都以礼相待，热情招呼，从不摆架子。他在初次见面时总是刻意记住别人的姓名、籍贯等。哪怕只见一次面，多年之后再会时，也往往能脱口报出这些细节，令人惊诧不已。

李先生心地极为善良体贴，时时处处为别人着想。他性格比较内向，但在患病之前，脸上总是带着亲切的微笑，给人阳光和温暖。遇到不顺心的事情，他会“自我消解”，从不向别人发泄。与人交谈时，李先生是最为关注、最为耐心、最善解人意的听者。他从不打断别人的话头儿，只是饶有兴味地倾听着，不断微笑着点头附和。轮到他说话时，他会从容斯文、绘声绘色地侃侃而谈，话语中不时闪现出学识和睿智的光芒。当别人打断他的话头儿时，他从不介意，总是十分耐心地听人把话说完，然后自己再接着往下说。家里的气氛通常十分融洽、温馨，若偶尔发生了分歧或误解，公公就会把责任往自己身上揽，以“牺牲”自己来求得全家的和谐。公公尽管委曲求全，但至诚至真，从不为讨好任何人而说任何假话。需要表态时，他总是毫不偏袒，实话实说，或者把话题引开，但绝不歪曲事实。公公是家里最不善家务而服务意识却最强的人。家里没请保姆时，下面条、盛饭、扫地、掸桌等都是这位大学者的专利。有保姆代劳后，他依然坚持做一些力所能及之事。记得我刚回国时，李星还在美国，婆婆天天到石油学院科研攻关，公公经常提个袋子去采购家里吃的用的，年轻又不坐班的我感动之余也自然予以分担。公公最怕麻烦别人，自己有了病痛也因怕别人担心而不吭一声，独自默默地承受着，有时甚至因此而耽误病情，令人深感痛惜。

或许是一心为祖国、一心为他人的宽阔胸怀，加之生活中的大彻大悟，李赋宁先生有着非同寻常的平和心态，荣辱不惊，对自己取得的成就从不沾沾自喜，对“文革”中遭受的不公正待遇不加抱怨，日常生活中也不因任何事情动肝火。他没有脾气，没有责备，只有儒雅亲切的微笑，并常用自谦自嘲、幽默风趣给家里带来轻松愉快和欢声笑语。他语言天赋很高，喜欢模仿各地的方言，有时以假乱真，有时那略带京腔的“土话”又令人忍俊不禁。他还喜欢讲笑话，那惟妙惟肖的“表演”给家里增添了不少快乐。他记忆力极强，常常生动地谈起往事，话语中的智慧和哲理给人以深刻的启迪。公公生性敏感但胸襟宽阔，从不多疑，对人充满信任。他在世纪之交患病后，出现了一些情绪上的病态反应，脸上的笑容相应减少了，但在任何情况下，都未发过脾气。

公公是我的良师益友和终身受惠的治学榜样。公公从事古英语、英语史和莎士比亚研究，而我搞的是当代的叙事理论、文体学等，两人在专业方向上相去甚远。但他渊博的学识依然使我受益匪浅。早些年，我喜欢请他就一些拿不准的问题指点迷津，只要是跟英语语法有关的问题，他往往会随口解答。遇到需要译成中文的希腊文、拉丁文、古英语等，因我无法将原文读给他听，我就将原文抄在纸上，晚上回家时交给他，第二天就能从他那儿得到书写齐整的答案，可以说他是覆盖面很广的活字典。由于他的谦逊和认真，只要不是百分之百地有把握，他总要予以说明，强调自己的答案不一定可靠，仅仅供我参考，嘱咐我要进一步查证，以免出错。

公公热爱教学，热爱学生。他有着高度的责任感，备课极为认真，上课前的半天是他雷打不动的最后冲刺的备课期。在这个时间段里，他排除一切干扰，坐在桌前，几个小时一动不动。看着他全神贯注、伏案工作的背影，我更加明白了他上课为何会那么有条理，为何会从头到尾让人挑不出一个错，找不到一个英语口误。他批改作业一丝不苟，宛如印刷体的工整笔迹令人赞叹。他常常兴致勃勃地谈起班上的学生，对一些有才能的学生大加赞赏，自豪之情溢于言表。他心地厚道，富有同情心，善待他人，奖掖后学。学生若遇到了什么困难，他会十分挂念，主动予以帮助。他总是为别人而喜，为别人而忧。

慈爱的公公永远离开了我们。时光难以倒流，但眼前仍然时时闪现着公公的身影——他那温和的音容笑貌、儒雅谦恭的风度、善解人意的倾听、自谦自嘲的谈吐、顾全大局的退让、体贴入微的关照、利他的自我忍耐、那体现他博大无私胸襟的生活中的点点滴滴……他的人格魅力已融入我的心灵，将永远伴随着我，感动着我，影响着我，促我改进，促我完善。我敬爱亲爱的公公，您永远活在女儿的心中！

代后记

中国外语教育六十年有感[1]

胡壮麟 北京大学

年初，一些南方的朋友让我就纪念我国外语教育60年之际有所表示。当时间的车轮倒转，我再一次陷入尘封已久的往事。我这个20世纪“三零后”的老人，已经落在时代的后面，只能回忆自己经历过的一些琐事。

主要外语语种经历了两次战略大转移

为阐述这个命题，有必要先回顾一下新中国成立前中国的外语教育。我认为它具有三个特性，即半封建半

1 本文原载《中国外语》2009年第6卷第5期。写作过程中，承蒙胡文仲、陶洁、吴冰、孙亦丽、祝畹瑾、罗经国、王式仁、王逢鑫等教授的帮助。一并在此致谢。文责自负。

殖民地性、教会性和地域性。先谈半封建半殖民地性，我国的外语教育与曾经侵略过中国的国家的在华活动有很大联系。规模最大的是日本侵略军在20世纪让上海小学生学日语。最成功的例子是用庚子赔款建立的旧清华大学。当我入清华后，老学长经常向我夸耀新中国成立前全国大学的外文系主任十个中有九个是清华毕业的。一些教会学校在教授外语方面有其特色，如学英语上基督教办的圣约翰大学及其附中，学法语上震旦大学及其附中，学德语上同济大学及其附中，至于重视英语教学的教会中学还有圣芳济中学、中西女中、清心女中、启明女中、培成女中、圣玛利亚女中、宴摩氏女中等。就地域而言，有南方城市的英语，哈尔滨的俄语，长春和沈阳的日语。总的来说在大学和中学开设较多的还是英语，可以看作那个时期的主要外语语种。

待我1950年考入清华后，清华大学外文系下有三个组，即俄文组、英文组、法文组。俄文组人强马壮，学生多，团员多，班干部多。更主要的是，一进清华，就学习这样的口号，“清华园是革命家庭，外国语乃斗争武器”。同学们对前一句话完全接受，对后一句话就有不同的解读了。俄文组同学理所当然地学习俄语是为了和苏联老大哥一起与帝国主义斗，英文组和法文组的同学学习英语和法语只能以所学外语杀回马枪。在一次和北京师范大学的俄语教授交谈时，他坦陈那时他们就是这样想的。

1952年院系调整后，新北京大学有3个外语系，即俄语系、西语系和东语系。英语只是西语系下的一个专业，俄语的地位正式获得确立。上面提到的北师大老师还向我谈到这么一个情况，他们毕业后，国家人事部明确规定凡是学俄语毕业的，加10元工资。今天来说，这个钱数，小菜一碟，但那时大学生毕业起薪才46元，一年后转正也不过56元，因此他们拿到这额外的10元钱内心都是美滋滋的。

以上情况表明，这是我国外语教学中的第一次战略转移，主要外语由英语转为俄语，许多英语教师改行教俄语。这个格局直到1959年才被打破。由于中苏关系恶化，突然许多俄语翻译改行了，原来学俄语的一些学生被通知改学英语。那么，哪个语种来领头呢？由于三年大灾荒和为时十年的“文化大革命”，一些领导当了“走资派”，没有人对中国的外语政策去操心。

“四人帮”倒台后情况逐步明朗，许多教学大纲的制定，都是让英语先行一步，其他外语语种跟上。教育部与专家商讨问题，首先找的是英语界的王佐良、许国璋、李赋宁、吴景荣、陈嘉、杨岂深等老先生。

英语专业招生数的大大增加、大学英语的全面开花、英语作为义务教育的必修课，都标志着英语作为主要外语语种地位的确立。这是我国外语教学从俄语改为英语的又一次战略大转移。大批俄语教师改行教英语，所不同者，国家人事部没有给学英语的毕业生加一级工资。

实现了由“文”向“语”的转向[1]

新中国成立前外语教育是着重“文”的。大学则在文学院下设外文系或英文系，培养了一批优秀教师，如王佐良、许国璋、李赋宁、杨周翰、周珏良等，以及文学、戏剧、翻译、外交、新闻，甚至外贸部门的人才。

1950 年清华大学外文系下的英文组的“文”已经有

1 这里的“文”指外语教学中的“文学路子”，除语言课外，也通过文学课程教授外语；“语”指单纯开设有关听说读写译和报刊选读一类课程教授外语。这里，不在其名，而在其实。原上海外国语学院副院长，已故侯维瑞教授曾被邀请评议复旦大学外文系的教学，留下一句名言，说复旦不是两条腿走路，是一条腿走路，所缺的一条腿便是“文学”。顺便再谈另一件事。从学科分类来说，各个外语专业的一级学科是外国文学。有次外国文学学科开会，北大的陶洁教授与会，回来后很有感触地说，外国文学学科的会，怎么主要成员都是搞语言学的，搞文学的只有一个。看来，两位教授对这个由“文”到“语”的转向没有看透。

名无实，因为低年级的课程设置基本上以听说读写的技能教育为主，如李赋宁先生的阅读课（包括每两周一篇的作文），罗念生先生的翻译课，徐锡良先生的口语课，杜秉正先生的文法课，还有一位助教何士侯先生管听力和课外阅读。这时，我们被告知新中国需要翻译人才。

1952年我国的大学实行院系调整，系统学习苏联专业化教育的经验，清华成了理工科大学，北大成了综合大学。我在新北大三年级和四年级的班主任兼精读课老师分别为俞大絪先生和赵诏熊先生，潘家洵先生和张谷若先生教翻译，钱学熙先生教报刊阅读，伍鸿声先生教口语，张珑和徐华樑先生教泛读。显然，所谓的“英语语言文学专业”采用的仍是一个以“语”为主的教学模式。

不久，北京大学的一些教授很快向上反映，所谓的“英语语言文学”专业中的“文学”未能体现，教育部曾同意北京大学可以让1952年后入学的学生以文学为方向。从此人们习惯地认为原北京外国语学院以“语”为主，北京大学以“文”为主。特别是周扬同志明确肯定北大的文学道路。一方面一些老教师如李赋宁先生、吴兴华先生、杜秉正先生和美国教员Winter等为中青年教师进修开了多种文学课，在这个意义上，这个“文学路子”为北大培养了一批有真才实学的教师队伍，如吴祖存、张祥保、孙亦丽、祝畹瑾、罗经国、龚景浩等。另一方面，陶洁和吴冰所在的1954级学生在1958年有机会上了一些文学选修课，王逢鑫所在的1957级在高年级时上过李赋宁先生的"文学选读"、张谷若先生的"文学翻译"、罗经国老师的"英国文学史和选读"、赵萝蕤先生的"美国文学史和选读"等课程。估计当时的其他综合大学也走过一段文学道路，但其间不时受到各种政治运动的干扰。

1993年北京大学决定让英语专业独立成系时，曾邀请北京的一些老先生讨论系名，"英文系"这个方案给否了，从此被称为"英语系"。1996年学校决定成立"学院"，讨论的结果是成立"外国语学院"，不是"外文学院"。

"文化大革命"前的教材也反映了这一转向。那时全国合力编精读课教材，北外许国璋先生挂帅编1-4册，北大俞大絪先生编5-6册，复旦徐燕谋先生编7-8册。这在北大称为"八块豆腐干"。在20世纪80年代制定第一个英语专业教学大纲时，我代表北大提出放弃精读课四年制的教学模式，精读课和其他基础课只上两年，留出两年时间给学生分别开设文学方向或语言学方向的专业课。北外的代表也宣称他们只在一二年级设精读课。

这两个学校的改革受到一些学校的反对，说他们的学生能把基础课学好已经不错了，因而第一个英语专业的教学大纲仍以精读课为主，北大只保留上两年基础课的特殊安排。其次，英语专业四八级考试只考“语”，不考“文”。为了打破这个僵局，王佐良先生曾建议像文体学这类课程完全可以代替传统的精读课。

虽然“文”在外语教育中已失去主角的地位，从改革开放后的大纲来看，英语专业的大纲还是列出比较多的文学课程，出版社也出版了多种文学教材，这是前30年所未见到的。教育部对北大的以“文”为主的观点经常网开一面，令人欣慰。

从全国范围看，在“语”“文”之间的关系尚未统一认识之时，又添了一个新生事物，那就是为了学生毕业后的求职考虑，许多学校实行“英语+经贸”“英语+法律”“英语+旅游”等教学模式，实际上能投入“文”和“语”的课时更不多了。为此，原上海外国语大学英语学院院长何兆熊教授在上海的一次学术讨论会上对许多通识课程没有一定的课时去落实表示束手无策。

上述情况表明，“文”“语”和“第二专业”的彼此关系有待今后30年或60年进一步讨论和研究。

不同风格的语言教育

当我们进一步讨论以“语”为主的外语教育时，会发现人们对语言知识和语言技能教育的认识不全相同。在北大教研室开会讨论时，常提到这么一个故事。两个中学生，一个考上北外，一个考上北大。北外那个学生来北大看望老同学，不时说上几句英语，表示她英语讲得流利，而北大那位学生拿起书桌上的小说问她这本书看过没有，那本书看过没有，表示自己看了很多书。这说明两个学校在语言技能教学上有不同的风格，一个重听说，一个重阅读。北外一贯重视听说训练，讲一口纯正的英式英语，据说第一个学期在语音教学和纠音上投入大量时间，北大虽然也有一些老先生，如周珊凤教授和王式仁教授在课外给同学纠音，所花时间并不太多。作为一度担任英语教研室主任的我，为了加强听说教学，需要把从事听说教学的教师队伍稳定下来，曾提出专门成立一个听说教学小组的建议，李赋宁先生认为无此必要，这不利于教师的长远发展。我想他的意见是有道理的。

反之，李赋宁先生对写作课非常重视。到新北大后，他不给我们上课了，仍然很关心我的学习，让我把三年级写的作文全部拿给他看，阅后提出中肯评语。工农兵学员进校后，李先生已靠边站，不担任教学领导，但在这些同学毕业后，一谈到工农兵学员，他总是检讨，他对不起这些学生，没有让他们在学校期间写过一篇作文。我在担任英语系主任期间排课时，最大的难题是老师不太愿意上写作课，因为工作量大，或者怕本人语言水平还不够高，对病句把握不住。这时，李先生又给我们提出一个我终身难忘的措施，让每门课的教师都要求学生写paper，“Every course is a writing course”。显然，李先生认为写作最能考查学生的英语程度。

根据上述情况，我认为在外语教学中，各学校应有自己的特色，不必强求一致。同理，学生有不同的性格、兴趣和学习风格，不必按同一模式培养。在保证技能教学的共同要求的条件下，让他们发挥自己的特长，有的往口语发展，有的往笔头发展，未尝不可。

新外语教学理念接踵而至，此消彼长

院系调整后，我在新北大西语系英语专业完成三四年级的学习，当时采用苏联的教学理念，即“活用词教学法”（active word approach），相当于词汇教学法。班主任

俞大絪先生在教完一篇课文后，让学生把该课文中出现的活用词串联成一个情景或故事。这种教学法受到肯定，经常有兄弟院校的老师来观摩听课。过去人们是从词汇教学法来评价的，今天我更认为它已具有语篇教学法的雏形，一方面让学生活用所学的词汇产生一个完整的语篇，另一方面训练了学生运用口语表达完整思想的能力。

60 年代曾听到过听说教学法，但我总认为它在中国的影响不是太大，因为英语在中国毕竟是一门外语。离开教室去营造外语氛围有相当大的困难。

70 年代，我回北大任教，常用的教学法主要有二，一种是功能主义的情景教学法。这在听说教学中最为明显，许多教材设定机场迎送、旅馆登记、邮局、饭店、公园等情景。在阅读课则普遍采用结构主义的句型教学法和替换操练法，每一单元学习一两个句型，然后进行其中词语的替换练习。应该说，这两种教学法在语言技能教学上是互补的。后来听到的反映主要是初期的情景教学法有些勉强，如你去邮局或旅馆，工作人员并不和你讲外语。至于句型教学法，我倒有亲身体会。1973 年有位学生家长问我，她听说现在学英语只要学几十个句型就学会了，我一时语塞。后来发现真有此说，那就是

Advanced Learner's Dictionary 归纳了 65 种句型，进一步合成 25 种。Bolinger 又把这些压缩成 7 种。从理论上，语言学家乔姆斯基说过，现在人们把学语言想得太复杂了，按他的转换生成语法，人们只要从“S=NP+VP”出发，然后运用重复、添加、省略、换位这四条转换规则便可生成无穷的句子。我当时受这种理论的影响，在教学中曾经试用，工农兵学员反映很“新鲜”，短训班的一位理科老师以为这是我“创造”的“数学语法”。于是我在北京语言大学的刊物《语言教学与研究》（增刊）上发表过“论英语关系结构”的文章，后来雄心勃勃，给上海《外国语》杂志寄去“论名词结构”一文，石沉大海。碰巧我要去澳大利亚进修，这项研究没有再搞下去。到 80 年代交际教学法盛行，句型教学法才逐渐让位。对习得理论和句型教学法的批评是它过分强调语言天赋论和结构形式，而实际情况是语言教育离不开社会，包括儿童离开社会环境是无法习得母语的。

交际教学法从 80 年代中成为我国外语界的主流教学法后，我国为英语专业、大学英语、中小学英语编制的各种大纲都以此为指导思想。这一理念的主要优势在于它解决了学习语言，特别是学习外语的目的，如果不是为了交际，学它干吗？因此在交际过程中学外语，效果要好。话又得说回来，就在交际教学法鼎盛之时，对它的质疑之声相继出现。正如我在许多场合说过，交际教学法有两张王牌，一张是“teach the language，not teach about the language”，一张是“fluency over accuracy”。前一张王牌的实质是批判外语教员在语法教学上花时过多。但我个人认为批评者没有弄明白儿童习得语言和成人学习外语的区别。儿童在未上学前跟父母和周围孩子交流“习得”了语言，而青少年和成人要学的知识很多，整天“听说唱游做”时间上赔不起，也没有到处使用外语的环境，而他们的优势是逻辑思维能力提高了，抓住语法发挥了他们的强项。对第二张王牌，我举一个实例。在我担任系主任期间，有次陶洁教授向我反映，她给学生改作业，错误太多，一年级新生都不应该犯这样的错误。她给学生指出这些问题，不料有一位学生反驳说：“我写的东西外国专家都通过了，你的英文有外国专家那么好吗？”这是陶洁教授所不能接受的。于是我查阅了外国专家给学生批改的作文本，专家确实改动很少，但评语都是棒棒的。接着，我找专家谈话，他的回答也让我大为吃惊。他说根据他们的教学理念，即交际教学法，学生的作文不要改得太多，这会打击他们学习的积极性，也不符合 fluency over accuracy 的教学原则。从此我对这两张王牌产生了怀疑。实际情况又怎样呢？由于学生基础不好，南方一所大力倡导交际教学法的学校中有多位老师私下跟我说，他们只好偷偷地给学生补习语法。根据我多年的工作经验，任务完成得慢一些，领导一般可以容忍，但是出了差错，那是大问题。譬如说，一个词语用错了，在外交上会造成政治影响；一个时态用错了，一份商业合同是否有效会引起争端；一个语态用错了，法官难以确定谁对一个事件承担责任。

除上述理论外，人们最近又提到认知教学法、建构主义教学法、连接主义教学法等。我认为一方面我们不能闭关自守，应当关注和学习国外新的教学理念，另一方面我们不能赶时尚，像狗熊掰棒子那样，学一个丢一个。外语教师应当熟悉各种理论，更要了解它们各自的利弊，然后根据不同对象、不同培养目标和不同条件去运用其中的某些理念。

在极为困难的条件下我国外语教育仍有较高水平

这里主要对前 30 年的外语教育作一评估。

为什么说“极为困难的条件下”？显然，这与当时的政治运动过于频繁、过于激烈有关。例如，我曾批判过我的老师，待我步入中年后，我又被比自己更年轻的一代改造。那时由于没有改革开放，外语教育不时受到外事纪律的制约。至于政治和业务的关系有时让人无所适从。

以上说明，外语教师不是那么容易当的。

为什么说“我国外语教育仍有较高水平”呢？因为在如此困难的条件下，我国的外语教育还是取得一定的成绩。

以我个人为例，1952 年我念完二年级的课程，便和一些同学被借到刘宁一同志领导的全国人大工作；1954 年 8 月，我被统一分配到总参二部工作。我虽然在大学没有学过军事知识，但还是能把工作做好。1957 年我经总参政治部批准，获得“先进工作者”称号。比我早一年参军的同班同学黄用仪同志有次被借到外贸部，参与同荷兰商人的谈判。谈判的内容是中国从荷兰进口奶牛，要求卖给中国的奶牛一定是怀孕的，要求所怀的牛仔不能在航行途中出生等，极为有趣。我们在清华北大都没有学过军事、农业或外贸。

黄用仪同志还向我谈到这么一个经历。1958 年他从部队被借调参加党的八大文件的翻译工作，与钱锺书、王佐良、许国璋、李赋宁等前辈一起。由于他年轻记忆力好，有关政治词汇老先生都要和他核对一下，他因此被老先生戏称为 walking dictionary，说明大家对他工作很满意。还是这位同学，谈过一件令人兴奋的事，为了保证八大文件的翻译质量，领导专门请了一批苏联专家当顾问，这些专家对俄语组翻译的文件评头品足，但对几位老先生把关的英语组的翻译文件不敢妄自乱评，可见中国英语师资的水平之高。

中国外语教育的高水平也表现在 1979 年 1 月，我和其他八位教师被教育部派往澳大利亚悉尼大学进修。该校英文系对中国教师的英语水平有所低估，只准中国教师选修本科课程。不到一个学期，他们发现估计错了，于是改让这些教师选修研究生的课程。更具体的一个实例是，一位叫马克的美国留学生和华东师范大学的黄源深老师都是攻读澳大利亚文学的，马克最后坦言他搞文学不如黄源深，回美国后不想搞澳大利亚文学了。我本人也经常有澳大利亚同学来请教如何找材料，如何选题，如何写论文。又如，数年后，悉尼大学授予胡文仲先生名誉博士学位，再次肯定了中国留学生的实际水平。

我所朝夕相伴达三年之久的 1975 级工农兵学员也是

好样的。在我这个教学小组长的培养下，在2个班28名学员中，有一位曾任外交部条法司司长，现为中国常驻联合国的副代表，一位是暨南大学英语系比较文学教授，一位在美国佐治亚州负责全州公立图书馆系统的馆员培训工作，一位是重点中学的校长，一位是新疆维吾尔自治区的维族民营企业家。我们这些启蒙老师，没有功劳，也有苦劳。可以设想，其他高校的外语教师也有这样那样的困难，也会取得这样那样的成绩。可见我国的外语教师能完成党和人民所交给的教学任务，而且完成得如此之好，没有高度的忘我献身精神是难以实现的！

改革开放迎来了外语教育的大发展

自1978年开始，我国的外语教育大为改观，形势大好。

从教师队伍来说，教育部领导和各校领导大力培养中青年教师，采取了“请进来，派出去”的政策。国外学者应邀来华讲学。1976年教育部和英国文化委员会联合邀请英国语言学家Leech教授和教育专家Nuttel女士在北京、南京、上海、广州等地举办了为期各1个月的短训班。之后有Quirk，Hockett等一大批专家陆续来华。我研究语言学便是在这个时期开始的。在“派出去”

方面，具有划时代意义的是教育部派遣中青年教师去英国、加拿大、澳大利亚、新西兰等国深造，在全国范围内举行了公平的选拔考试。我便是和胡文仲、黄源深、侯维瑞、杜瑞清等教师经过笔试和口试合格一起去澳大利亚进修。随着中美关系改善，公派和自费出国的大军日益壮大，他们回国后成为各校外语教师队伍的主力军。

自 1977 年实行的高考制度保证了高校生源的质量。自 1978 年恢复研究生招生和 1982 年恢复博士生招生，进一步为我国自主培养高质量的外语教师队伍和向政府机关及社会输送优质人才奠定了基础。[1] 1982 年在北大英语专业教研室的一次会议上，我曾发表过一个看法，那就是要使本专业教学真正达到国际水平，应彻底改造师资队伍，今后的教师应具有博士学位。此话一出，许多教师都不安心了，找各种途径出国留学，因此有的教师认为我是造成教师不安心工作的罪魁祸首。说也奇怪，就这么一二十年时间，如今没有博士学位的求职者很难跨进我国高校一些英语专业的大门。这是我国外语教师

1　1958 年北京大学曾招过一届人数极少的副博士研究生，原定 1961 年 1 月毕业，因运动而不了了之。

队伍的又一支生力军。我所指导的21名博士中，已有13人任教授职务，12人也做了博士生导师。事实上，我国外语教育今天已由“六零后”的教师挑大梁了。

外语教育事业的发展也有赖于教育部狠抓各种专家机构的建立，如外语教材编审委员会、外语教学指导委员会、中国外语教育研究会等。在政府官员和外语专家紧密合作的基础上，新的教材大量问世，新的教学理念为教师们所关注。同时，一些老先生的治学经验是留给我们极为珍贵的精神财富，正在受到重视和研究。这已成为北京外国语大学外语教育中心的一个重大课题。

过去有人可能认为外语教师只是一个“教书匠”，甚至前30年给一些著书立说的、在课余从事研究的老先生简单地扣上“一本书主义”“只专不红”“资产阶级知识分子”等帽子。今天情况变化了，能从事科研活动是对外语教师的一个基本要求。如果说，改革开放前，人们只知道《外语教学与研究》一种刊物，现在《外国语》《外语界》《现代外语》《中国外语》《外语学刊》《外语电化教育》《中国英语教育》等的出版有令人眼花缭乱之感。

我国大学英语教育也有惊人的发展。改革开放初期，大学英语师资匮乏，基本队伍是本科毕业生或大专毕业生以及从俄语改行的教师。现在没有硕士学位者求职常被拒之门外。同时，教学和科研上也取得巨大成就。我有幸在2001年和2005年两次担任教育部优秀教学奖专家委员会的外语组组长。其结果如下表所示：

<table>
<tr><th>年度</th><th>奖项</th><th>大学英语</th><th>专业英语</th><th>其他外语</th><th>总计</th></tr>
<tr><td rowspan="2">2001年</td><td>一等奖</td><td></td><td>1(6.25%)</td><td></td><td rowspan="2">16(100%)</td></tr>
<tr><td>二等奖</td><td>4(25.0%)</td><td>6(37.5%)</td><td>5(31.25%)</td></tr>
<tr><td rowspan="2">2005年</td><td>一等奖</td><td>1(5.00%)</td><td></td><td></td><td rowspan="2">20(100%)</td></tr>
<tr><td>二等奖</td><td>10(50.00%)</td><td>3(15.00%)</td><td>6(30.00%)</td></tr>
</table>

比较上述两个年份的评奖结果，不难看出，大学英语教学取得惊人成就。这个统计数字含金量很高，因为11名评委中绝大部分是从事专业外语教育的，其中有4位是高校校长或副校长。由此可见，大学英语教师不仅在贯彻新的教学理念上下功夫，而且善于掌握新的电子化教学技术。从最近几年各种口语演讲比赛看，得奖的有不少是大学英语学生，而不是英语专业学生。

如同国民经济的发展一样，后30年的政策调整保证了中国外语教育走上良性发展的道路。

尽管我国的外语教育有时是跌跌撞撞地走过来的，但由于广大外语教师热爱教育事业，克服种种困难，终于使外语教育走上康庄大道。如今党中央一再号召我们要树立科学发展观，全党全民共同奋斗建设和谐社会，可以预料我国外语教育事业今后将会有比前60年更大的发展。如果有人说中国的外语教育落后，中国外语教师水平差、不敬业，我这个“三零后”会向他耐心地客观地介绍我所知道的一切。如果有人愿意为外语教师，已故的、退休的、在岗的，献上一曲赞歌，我会把他紧紧拥抱！

图书在版编目(CIP)数据

我的英语人生:从清华到北大/李赋宁著. —北京:商务印书馆,2022 (2025.2重印)
ISBN 978-7-100-20783-6

Ⅰ.①我… Ⅱ.①李… Ⅲ.①李赋宁—自传 Ⅳ.①K825.46

中国版本图书馆 CIP 数据核字(2022)第 035078 号

我的英语人生:从清华到北大

李赋宁 著

商 务 印 书 馆 出 版
(北京王府井大街36号 邮政编码100710)
商 务 印 书 馆 发 行
北京中科印刷有限公司印刷
ISBN 978-7-100-20783-6

2022年4月第1版 开本 880×1230 1/32
2025年2月北京第3次印刷 印张 12

定价:78.00元